父母要懂的
不打不骂不动气的
教育法

彭清◎编著

中国纺织出版社有限公司

内 容 提 要

你的孩子是不是总喜欢和你唱反调，挑战你的耐心，甚至肆意发脾气、固执、粗鲁无礼……其实这些都是孩子叛逆的表现。这些叛逆行为已经严重影响了孩子自己，包括他的学习、生活、兴趣爱好、人际关系……叛逆不是孩子的错，想要改变孩子，先从改变自己开始。

本书从孩子的"叛逆"问题出发，告诉我们，父母唠叨、说教乃至惩罚、打骂这些教育方式的不当之处，并为父母们设计出全新的、正面积极的教育和引导孩子的方法，帮助父母不打不骂不动气解决孩子的叛逆问题，让孩子健康、快乐地成长！

图书在版编目（CIP）数据

父母要懂的不打不骂不动气的教育法 / 彭清编著. -- 北京：中国纺织出版社有限公司，2024.4
ISBN 978-7-5229-1617-0

Ⅰ.①父… Ⅱ.①彭… Ⅲ.①儿童教育—家庭教育 Ⅳ.①G782

中国国家版本馆CIP数据核字（2024）第071471号

责任编辑：刘桐妍　责任校对：王蕙莹　责任印制：储志伟

中国纺织出版社有限公司出版发行
地址：北京市朝阳区百子湾东里A407号楼　邮政编码：100124
销售电话：010—67004422　传真：010—87155801
http://www.c-textilep.com
中国纺织出版社天猫旗舰店
官方微博 http://weibo.com/2119887771
鸿博睿特（天津）印刷科技有限公司印刷　各地新华书店经销
2024年4月第1版第1次印刷
开本：710×1000　1/16　印张：13.5
字数：142千字　定价：49.80元

凡购本书，如有缺页、倒页、脱页，由本社图书营销中心调换

前言

自古以来，在家庭教育中，我们会约定俗成地认为"听话"是对孩子的最好评价。为了教育出"听话"的孩子，我们常常秉持"棍棒下出人才"的教育理念，认为只要严加管教，就能教育出好孩子，甚至不惜用体罚的方法来要求孩子听话。实际上，长期处于父母压制下的孩子，要么胆小懦弱，要么脾气火暴，尤其是当他们进入青春期时，对抗父母的情绪就更为明显，有的孩子甚至产生厌学、逃学的现象。

此时，一些父母可能会产生疑问，孩子不能打不能骂，那么，孩子叛逆、不听话、与父母对抗、情绪化这些问题怎么解决？

其实，对于教育中出现的问题，我们不要第一时间去找孩子的问题，而是要寻找我们自身的问题。天下没有管不好的孩子，只有不懂教育的父母。在自我反思之后，我们也要找到孩子叛逆的根源，一些父母会问，叛逆不是青春期特有的行为表现吗？其实不然，孩子的叛逆行为是伴随其整个成长过程的，主要表现在对父母和老师的对抗、不服管教、情绪化、不认真学习等。并且，教育心理学家一般认为，孩子在3~5岁和12~13岁这两个成长阶段，是明显的逆反期。

孩子的叛逆心理和行为产生的原因有很多种，除了青春期到来这一原因外，还有孩子的自由被限制、想法被否定、合理要求得不到满足等；还有一些孩子受家庭环境的影响导致脾气暴躁。如果父母平时总是动不动发怒，总是斤斤计较，孩子耳濡目染，自然也有样学样。

对于孩子的种种叛逆行为，正确的做法是用正面引导代替说教、训斥、体罚。正面引导的内容有很多，其中包括了解孩子的心理、成长特性，鼓励孩子用正确的方式表达和宣泄情绪，以及从小对孩子立规矩等，尽早让孩子养成好的行为习惯、培养孩子好的性格。

总的来说，家庭教育的关键在于引导，而引导的前提是要了解你的孩子，感受孩子的情绪，乐其所乐，忧其所忧，这样才能打开孩子的心，并与之建立和谐的亲子关系。孩子找到了心灵的依靠，自然就少了很多叛逆心理，也就能快乐自由地成长。

然而，并不是所有父母都深谙正面教育孩子的方法，这就是我们编写本书的初衷。本书传达的是一种全新的温暖教养方法，它从日常生活中很多孩子的叛逆行为出发，告诉父母孩子叛逆行为存在的普遍性，且给出正确引导孩子的方法，旨在帮助父母从当下的教育苦恼中解脱出来，让父母不打不骂管教好孩子。希望本书对父母有所帮助，让家庭回归安宁和温暖！

彭清

2023年12月

目录

第 01 章
不可忽视的学习问题：如何让叛逆的孩子爱上学习　001

多与孩子沟通，引导孩子尽早规划自己的人生 ◎ 002
让孩子认识到自己学习到底是为了什么 ◎ 006
亲子沟通，不要三句话离不开学习 ◎ 010
兴趣是勤奋的动力，如何挖掘孩子的学习兴趣 ◎ 013

第 02 章
不打不骂不动气，正面教育先要从了解你的孩子开始　017

唠叨，只能让孩子越来越拒绝和你沟通 ◎ 018
叛逆贯穿孩子整个成长阶段 ◎ 022
了解孩子叛逆情绪产生的原因，才能对症下药 ◎ 026
你的孩子为什么稍有不顺心就大发脾气 ◎ 030

第 03 章
用引导代替强制，让孩子远离逆反心理　033

不妨将命令式语气改为启发式语气 ◎ 034
多听少说，给足孩子谈话的权利 ◎ 038
孩子犯错很正常，没必要小题大做 ◎ 041

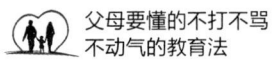

不剥夺孩子话语权，孩子才愿意说 ◎ 044
避免传统的打压，用引导代替惩罚 ◎ 048

第 04 章

树立正确心态，家庭教育中最要不得大喊大叫

053

避免大喊大叫，父母首先要改变心态 ◎ 054
你知道对孩子大喊大叫的危害吗 ◎ 056
大喊大叫，解决不了任何问题 ◎ 061
你有太多代替大喊大叫的教育方法 ◎ 064
掌控你的情绪，别因一点小事就大喊大叫 ◎ 067

第 05 章

建立信任，用心交流才能强化亲子关系

071

闲话家常，在轻松的氛围中进行亲子互动 ◎ 072
再忙，也要留出时间关心你的孩子 ◎ 074
表达对孩子的信任，孩子才愿意信任你 ◎ 077
聊聊自己的经历，让孩子也了解你 ◎ 080
允许孩子有自己的想法，不要强制孩子听话 ◎ 084

第 06 章

规定行为边界，家庭教育需要用规矩代替打骂

087

让孩子从小就必须遵守的几条规矩 ◎ 088
孩子没规矩，源于父母的溺爱 ◎ 092

目录

规矩先行，家庭教育也需要规矩 ◎ 096
爱孩子，并不是对孩子娇生惯养 ◎ 100
与父母对着干，也是没规矩的表现 ◎ 104

第 07 章
避免冷漠，要让孩子感受到来自父母无条件的爱
109

别忽视家庭冷暴力对孩子的伤害 ◎ 110
唯有更多的爱，才能弥补离异对孩子的伤害 ◎ 114
体罚，对孩子的成长极为不利 ◎ 118
引导孩子体会父母的艰辛，孩子才会爱父母 ◎ 121
温馨和睦的家庭环境，能给孩子最好的滋养 ◎ 125

第 08 章
父母如何协助老师解决校园里孩子的叛逆行为
129

一上课就化身"捣蛋虫"，父母怎么做 ◎ 130
师生关系不融洽，是导致孩子在学校叛逆的重要原因之一 ◎ 133
孩子厌学，如何解决 ◎ 137
及时帮助孩子疏导与老师产生的不良情绪 ◎ 140
你的孩子为什么不服老师的管教 ◎ 143

第 09 章
表达你的理解，用爱和引导靠近你的孩子
147

告诉孩子，父母是他最坚强的依靠 ◎ 148

倾听能表达你对孩子的重视和理解 ◎ 152

家长做错了，也要向孩子道歉 ◎ 156

先理解孩子，才能走进他的内心世界 ◎ 160

用引导代替压制，能有效避免孩子的逆反情绪 ◎ 164

第 10 章

平等沟通，保护孩子的自尊心

谩骂与呵斥，是对孩子的极大不尊重 ◎ 170

维护孩子的自尊心，孩子才能自信成长 ◎ 174

孩子的自尊心首先需要我们父母来保护 ◎ 178

越是"输不起"的孩子，越容易情绪失控 ◎ 182

尊重孩子的隐私权，是预防孩子叛逆的重要一环 ◎ 186

第 11 章

全家出动，调动家人的力量解决孩子的叛逆问题

引导孩子平衡内心，使他少些叛逆 ◎ 192

父亲在女儿的成长中责任重大 ◎ 195

父母不要当着孩子的面吵架 ◎ 198

夫妻配合，保持一致的教育态度 ◎ 201

绝不盲目将孩子与别人作比较 ◎ 204

参考文献

第01章
不可忽视的学习问题：如何让叛逆的孩子爱上学习

为人父母，我们都希望孩子既能轻松愉快地学习，又能取得好成绩。然而，我们发现，一些孩子不仅有叛逆心理，在学习上也缺乏兴趣。孩子的学习兴趣与他们的学习成绩、学习信心是相辅相成的。一般来讲，孩子对某门功课有兴趣，学习成绩就会好，学习信心就会足。因此，父母对孩子学习兴趣的培养很重要，接下来我们就着重讲解父母如何帮助孩子培养学习兴趣。

多与孩子沟通，引导孩子尽早规划自己的人生

生活中，作为父母，我们可能经常发现孩子发出这样的疑问：我的未来到底会怎样？这个问题，对于做父母的我们，可能很简单，在家里，父母会说：好好上学、考上大学、找个好工作；在学校，老师会描绘有待学生去实现的美好的共产主义蓝图。但现代社会，对于孩子来说，他们会迷茫，我们来看看下面这段对话：

"妈妈，我长大以后，你想让我干什么？"

妈妈告诉他："干什么都行，只要你不干坏事，做的是对他人、对国家有利的事，并且又是你喜欢的事情就行了。"

有时，可能孩子又会问："妈妈，干什么工作最赚钱？我长大想当医生，当医生挣钱多吗？"随着孩子不同时期兴趣的不同，孩子的问题也会不同。

这是真正的人生规划吗？不是，所谓人生规划，就是一个人根据社会发展的需要和个人发展的志向，对自己未来的发展道路做出一种预先的策划和设计。随着孩子逐渐长大，他们的独立意识和自主意识会逐渐加强，开始对未来有一定的考虑，可能，在小时候，他们经常会说"老师说""爸爸说""某某说"，这是他们缺少独立见解的表现。但后来，他们会把口头禅变成"我

想……"等。这时候，他们开始会产生各种各样的理想等，如"20年后的我成了赫赫有名的总经理""20年后的我当上了董事长，有多风光呀""我想成为一名科学家"……但事实上，我们知道，孩子的这些理想都是缺少一定的理论和现实基础的。因此，如果没有父母正确的引导，孩子的自我意识就没有现实意义，只是天马行空的想象。让孩子的自我意识健康地、沿着正确的方向发展，才是父母想看到的结果。同样，孩子对人生规划的思考也需要父母的引导。

张女士的女儿美美最近总是失眠，每天熬到凌晨三点多才能勉强睡着，可是，一会儿又会自己醒来。白天上课的时候，也开始注意力不集中，老师讲的内容听不进去，大脑一片空白。一回到家，她又会心情非常烦躁，紧张不安，感觉无聊，脑子始终昏沉沉的。无奈之下，张女士带着女儿来看某心理医生。

经过心理医生了解，美美这种焦躁不安的心理源于她对未来的茫然：

张女士自己出生在一个书香世家，她和丈夫对女儿一直管教比较严格。而对于美美来说，父母的苛求逐渐转化成她对自己的标准。她所接受的暗示是"只有自己表现得尽善尽美了，有一个光明的前程，父母才会满意，我才会拥有他们对自己的爱"，所以一直以来美美都不敢放松，努力追求完美的目标。但在最近的几次阶段性考试中，美美考得并不好，这让美美很担心，自己的成绩会不会一直这样下降下去？这样的紧张与不安让美美变得压抑、敏感，并开始失眠。

美美的情况并不是个案，不少孩子都遇到过，而作为父母的我们对此也很担心。我们的孩子既是快乐的，又是艰难的，快乐在于他们终于长大了，艰难在于他们成长过程中又不得不面临很多问题，其中就有对未来的迷茫。此时，我们要与孩子多沟通，引导孩子规划自己的人生。具体来说，我们可以这样做：

1.多鼓励孩子设想未来人生，并加以肯定

教育心理专家认为，面对孩子的任何行为，我们不要一刀切地给予否定和斥责。因为孩子的想法看似天马行空，其实并不是毫无根据，这是他们对社会环境、家庭熏陶的一种直观表达。不管孩子对自己的未来有怎样的想法，这些想法没有对错之分，也不能说哪个理想好、哪个理想不好，只能说，社会的变化使人们的角色更加多元化了。

因此，孩子在谈自己未来的打算或理想时，为人父母者，不要因为孩子的说法"幼稚"或不符合自己的"口味"而轻易去否认。不论是什么理想，父母都应该给予充分的肯定，并要恰当地告诉他实现这一理想必须具备的知识。例如，一个男孩儿说他长大了想当一个司机，许多母亲就会呵斥孩子说："当什么司机？"其实，孩子的想法是单纯的，并且随着时间的推移和年龄的增长会不断改变。这时候，正确的方法是告诉他们，当司机需要懂得许多机械原理知识，需要懂得地理知识，好司机需要会讲外语等。孩子是需要在鼓励声中长大的，如果他的理想总是无端地遭到家长的反对，长此以往，也许这个孩子将度过平庸的一生，他从此再不肯奢望未来。

当然，不少孩子对理想、对人生价值的认识是肤浅的、模糊的，因此，对孩子进行正确的引导十分必要。

首先，父母应告诉孩子，任何理想的实现都是需要付出努力的，不想努力，不愿奋斗，理想永远只是空想，毫无意义。

其次，父母要告诉孩子，实现理想应脚踏实地，从现在做起，从小事做起。不肯做小事的人，难以成就大事业。

最后，父母要告诉孩子，理想的实现不会一帆风顺，会遇到各种各样意想不到的困难和挫折，既然树立了理想，就要做好迎接各种苦难的准备。同时，要有坚忍不拔的意志，只有以顽强的毅力去冲破艰难险阻，才会到达理想的彼岸。让孩子记住：坚持到最后一分钟最重要。

2.让孩子体验成功，激发孩子学习的动力

任何人都渴望成功，成功让人们更能明确自己的目标，因此，当孩子取得了哪怕再小的进步的时候，父母也要予以鼓励。在得到好的评价后，他们会继续朝着目标努力。反之，如果父母总是一味地打击他们的积极性，恐怕很多孩子会在以后的困难面前退缩不前。

3.指导孩子了解社会，了解时代的特点，让孩子的未来规划符合实际

孩子毕竟是孩子，可能在规划自己的人生的时候，会显得不切实际，这是因为他们还未进入社会。父母可以提前告诉孩子时代的特点，让他们明白，当他们从学校毕业后，唯有那些掌握真才实学的人，才有竞争力，才能实现自己的价值，同时，也才能为社会贡献力量。让他们感到学习是一种需要，从而以顽强的毅力、高度的自觉性和责任感努力学习。

引导孩子树立一个正确的、远大的理想，引导孩子制定人生规划是非常重要的。在孩子们幼小的心灵中，是不乏人生规划的。他们总是美好地憧憬着自己的未来。但正因为他们是孩子，需要父母的引导，他们才能为自己规划出一个完美的人生蓝图，也才能找到方向，进而成为学习的动力！

让孩子认识到自己学习到底是为了什么

任何人做事都有动机，学生学习也是如此，只有找到自己学习的目的，才会为之付诸行动，才有学习的动力。事实上，很多时候，孩子之所以厌学，就是因为他们没有明确自己到底是在为谁学习。

我们只有让孩子明白他在为谁而读书，为什么而读书，他才会有一种向前的驱动力，他才会觉得学习是一种乐趣，也就能克服学习中遇到的各种困难，学习积极性提高了，学习效率也就提高了。

我们先来看一个小学生的日记：

我妈妈是一位家庭主妇，爸爸常年在外出差，所以我的学习一直是妈妈在管。一直以来，我认为学习是为了应付妈妈。

记得有一次，妈妈对我说做完20道题就可以出去玩儿，说完妈妈就去厨房准备晚饭去了，留下我一个人对付那20道题。好像都是数学应用题，反正挺多的，大概有三四页。我一看这么多，啥时候才能做完出去玩儿啊！等到做完了天不都黑了吗？于是我灵机一动，计上心来，我先做了前面五道题，正好赶上翻到下一页，我就空着中间的一页题，然后把最后的五道题也做了，合上本子，跑到厨房，跟妈妈说："妈妈我做完了，我出去玩儿啦！"妈妈一听挺高

第01章 不可忽视的学习问题：如何让叛逆的孩子爱上学习

兴，说："这么快，那好，去玩儿吧！"

感觉就玩了一小会儿，天就黑了。我很不情愿地跟我的朋友告别，说好明天还一起玩儿，就回家了。

一到家，我就觉得什么地方不对，只见妈妈沉着脸叫我进屋，问我："题都做完了吗？"我心虚地说："做完了。"妈妈生气了，问："真的吗？"我不敢说话，闷闷地站着。妈妈更生气了，说："你为什么要撒谎？你以为你学习是为了谁？"我还是不说话。只见妈妈一下子冲到桌子面前，一下把我桌子上的笔、本子和书全都扫到地上，然后气呼呼地转身走了。

我吓坏了，妈妈尽管对我比较严厉，但是从来没有发过这么大的火，就算是她之前骂我，我也没有这么害怕过，因为每次妈妈骂完我还是要过来哄哄我的。我一个人呆呆地站在那里，不敢动也不敢说话，心想：要是以后妈妈再也不管我学习了可怎么办？屋子里渐渐暗下来，妈妈没有来，也没有别人来叫我去吃饭。

就这样不知道过了多久，我收拾好散落一地的书、本子和笔，鼓足勇气走到妈妈面前，对妈妈说："妈妈，我错了，我不该骗您，以后我不这样了。"妈妈当然马上就原谅了我。

虽然那次妈妈没有骂我，但是真的把我吓坏了，而且从那以后，我再也没有骗过妈妈。但是，学习究竟是为了谁呢？

想必很多孩子都和故事中的孩子一样，他们对自己的人生感到迷茫，不明白自己为谁读书，为谁学习，更多的则认为是为父母学习，为给父母争面子，而这种学习态度直接导致他们对待学习和生活冷漠，没有热情，对什么都没有兴趣，觉得整个世界都是没有意义的，整个精神状态看起来都无精打采，对什么都不在乎。

事实上，孩子没有端正的学习动机，会有讨厌学习，上课开小差，思想不集中，不能保质保量地完成作业，学习时间少，学习不努力等表现。

那么，造成孩子缺乏学习动力的原因是什么呢？

影响孩子学习动机的因素很多，包括其自身需求、家庭因素、学校的教育模式等。作为父母，都希望自己的孩子以后能飞黄腾达，为自己争面子，而这一"自私"的心理，就很容易让孩子产生逆反心理，让孩子认为自己学习是为了父母的面子。

另外，社会上的一些拜金主义、读书无用论等价值观念，也会影响到学生的价值取向，进而影响学生的学习动机以及学习的积极性。

因此，父母有必要让孩子明白他们学习到底是为了谁，具体来说，你可以从以下几个步骤入手：

1. 问孩子：你为谁学习

你的提问会引起他的思考，他也会问自己：我在为谁学习，我学习的目的是什么？如果他找不到答案，就会困惑，就会寻求父母的帮助。

2. 告诉孩子：知识改变命运

你要让孩子明白，读书是为了他自己，是为了获取知识，是为了让自己未来的人生路走得更平坦。

3. 以切身体会和经验告诉孩子学习的重要性

你要告诉孩子，在这样一个竞争十分激烈的社会中，没有知识，就等于没有生存的本领，每个人都在用知识为了自己的未来打拼。学习的过程的确很辛苦，但这是一个人立于世的必经过程。

如果孩子认为学习、读书是为了父母的面子、老师的名声，那么，他会觉得学习、读书是一种负担，没有了学习动力，又怎么能学得好呢？

而如果我们能让他们明白他们读书的真正目的是获取知识和改变命运，那么，在这样的心态下，即便他们遇到了很大的压力，也不会抱怨父母，也能尽快调整自己的心态，他们也会明白，有时候父母逼他们学习，这是为了他们着想，最终，他们也会产生源源不断的学习动力！

亲子沟通，不要三句话离不开学习

作为父母，在日常的家庭教育中，学习自然是不可避免的一个话题，我们都希望孩子能好好学习，能取得好名次和好成绩，爱学习的孩子才能在将来具有强有力的竞争力。但孩子的成长，绝不只有学习。我们在家庭沟通中，也不可只谈学习。家是让孩子放松的地方，孩子进行了一天的学习，已经精疲力竭，不要一回家就问孩子学习如何，而应该真正关心孩子，这样，孩子才不会有抵触心理，自然愿意和我们沟通。

父母与孩子沟通，不要过分看重分数，不要让孩子有太大的压力，如果总是那样，总有一天孩子会被压垮的，不要让分数成为孩子的枷锁，让孩子快乐地学习和成长，才是父母应该做的！

因此，我们在日常与孩子的交流和沟通过程中，要注意以下几点：

1.别三句话不离孩子的成绩和名次

当我们把沉重的分数、名次强加在孩子身上时，我们实际上是剥夺了他们对丰富多彩的生命的体验，剥夺了他们的人生选择权，剥夺了他们的快乐和健康，我们这是在爱他们还是在害他们？

喜欢学习的孩子会越学越有学习的劲头；为考试、为名次学习的孩子，学到一定时候就会厌倦学习、痛恨学习。只要孩子肯钻研、爱学习，不管成绩怎样，都是值得赞赏的。相反，孩子一心就想得高分，获得好名次，那才是值得警惕的。

2.少提分数，多说孩子的学习效果

作为父母，在与孩子沟通、督促孩子学习的时候，不要只提孩子的考试分数，更应该说孩子实际的学习效果。不能以分数作为评价孩子学业水平的唯一标准，要以一种平和的心态对待孩子的考试分数，孩子考好了，不妨进行精神鼓励；如果孩子考试成绩不理想，要帮助孩子认真分析，找出失误的原因，并鼓励孩子继续努力，这样孩子才会情绪稳定，自信心增强，身心各方面才会健康发展。

3.孩子没考好，不要认为就是孩子不努力

孩子在学习能力和方法以及智力上都是有差异的，其实，很多孩子都明白学习的重要性和竞争的压力。但每个孩子受到智力和非智力因素的影响，学习成绩总会有差异。父母要做的是认真了解情况，听孩子的解释，不能武断地得出孩子学习不努力、不用功的结论。要以尊重平等的态度和孩子一起分析、解决学习中遇到的问题，帮助孩子掌握适合的、有效的学习方法，制订适当的目标。

4.孩子考试失利或者成绩下滑时给予宽容和鼓励

父母永远是孩子受伤时停靠的心灵港湾。孩子考试失利时，内心已经非常难过了。这时候，父母更不要刺激孩子，而要给予孩子宽容和安慰，一定不要在孩子的伤口上再撒上一把盐，同时也要不忘对孩子说"下次努力"，让孩子把目光转向下一次机会。

5.引导孩子全面发展

一个只专注于某一特长或者某一爱好的孩子，一般在此方面投入的精力更多，期望也就越多，但"人外有人，山外有山"，即使他们这次成功了，也并不一定代表他们永远成功。而如果我们能培养孩子多方面的能力、兴趣、爱好等，那么，孩子在拓展视野的同时，也会提升各种抗挫折的能力、学习多种知识、积累多种经验等，从而具有较完善的人格，这对于提高孩子的自理能力、交往能力、学习能力和应变能力都有很大的帮助，也有助于他们独立战胜困难。

总之，父母要让孩子明白，积极参与竞争是对的，但是不应该把"第一"当成竞争的唯一目的，而更应该在参与过程中培养良好的品质，如遇事冷静沉着、性格活泼开朗等。这些个性品质比"第一"重要得多。

第01章
不可忽视的学习问题：如何让叛逆的孩子爱上学习

兴趣是勤奋的动力，如何挖掘孩子的学习兴趣

作为父母，我们都知道，任何一个孩子都要认真学习科学文化知识。知识是衡量一个人素质和修养的重要标准，而学习动力是孩子学好知识的基础，可以说，这种动力很大程度上可以理解为学习兴趣。兴趣是勤奋的动力，一个人对某项事物产生了兴趣，便会积极主动地投入，消除怠惰。

其实，孩子天生是好学的。他们两三岁时对外界事物总是充满好奇，只是很多父母在教育孩子的过程中出现了一些认识上的误区，他们认为只要给足孩子物质条件，孩子就能学好，而忽视了对孩子学习兴趣的培养。事实上，孩子也正是因为缺乏学习兴趣而导致了学习怠惰乃至产生厌学情绪。

俗话说，"天生我材必有用"。我们要培养孩子学习的兴趣，让兴趣这个老师督促孩子学习，孩子必能发挥其最大的学习潜能，并有所建树。身为父母，我们应该顺应孩子成长的规律，不能压抑孩子的好奇心、禁止孩子发问，而要鼓励他们，因为长大后，他就不一定想知道那么多了。父母也应该多带孩子上街，让他们多接触新事物。

父母都希望自己的孩子既能轻松愉快地学习，又能取得好成绩。学习兴趣是孩子学习的一种最实际的动力，它能够促使孩子自觉地去学。一般来说，孩子的学习兴趣与他们的学习成绩、学习信心是相辅相成的。通常孩子对某门

功课有兴趣，学习成绩就会好，学习信心就会足。因此，父母对孩子学习兴趣的培养很重要。那么，如何去培养孩子学习的兴趣呢？

1.尊重孩子的兴趣

很多父母认为，教育孩子，应该让孩子成为一个全能型人才，于是从孩子一入学开始，就千方百计想要孩子学得好，懂得多，把孩子的双休日、节假日都安排得满满的。事实上，孩子多学点东西是好的，家长这个出发点也是好的。但自己的孩子是否喜欢学这些呢？作为父母，并不能强迫孩子学这一样，不学那一样，而是应该多给孩子一些自由宽松的空间，让他们自己去选择感兴趣的、喜欢的事。例如，有些孩子并不喜欢弹钢琴，而喜欢动手操作，搞一些小制作。父母就认为这不应该是孩子的兴趣所在，加以阻止。其实，这也是学习的过程，这样的学习孩子才会学得自觉、开心。况且这样的活动不仅能使孩子的思维能力得到提高，还能提高他们的动手操作能力。

父母不但不应该阻止他们做小制作，还要根据孩子的这个兴趣特点，为他们提供相关的书籍，创造机会让孩子参加一些有益的活动和比赛。诸多事实证明，孩子小时候培养的兴趣往往为其一生的事业奠定了基础。有些做父母的对孩子寄予很大的希望，但他们往往按照自己的主观意志去"规定"孩子的兴趣，而不尊重孩子自身的学习兴趣，这样往往会延误孩子的发展时机，因为同样一套教育方式并不是在每个孩子身上都适用。

2.注意把孩子原有的兴趣与学习联系起来，以激发和培养新的兴趣

学生的天职就是学习，父母应该注意把孩子原有兴趣与知识学习联系起来，将孩子的兴趣引导到学习上来，以激发和培养新的兴趣。

3.了解孩子的学习能力

切记千万不能将自己的理想模式强加给孩子，孩子有其本身的特点，而

且每个孩子都有自己的特点，目标的制订要因人而异，即使制订目标后也应不断调整，使之始终处于理想的模式。

4.给孩子适当的压力，让压力转化为动力

父母不可能永远庇佑孩子，也不能呵护孩子一辈子，这是一个不可回避而且必须想得清清楚楚的问题。因此，要给孩子适当地施加必须要努力学习的压力，这种压力也能转换为学习动力，但形成学习动力，最好不要通过灌输的方式引导孩子，让孩子自己形成主动性。要让孩子对自己成长生活的小环境和大环境有正确清晰的认知，有危机感。关于大环境，而今大家的一句口头禅就是"现在是竞争社会"。要让孩子明白，面对这个激烈竞争的大环境，我们应当热烈响应，并积极参与其中。

但要提醒父母的是，给予孩子的危机感要适度，得让孩子有一定的安全感，有护佑。这护佑当然不是权势和金钱，不是父母的代替，而是父母与他一起努力，一起奔跑前进，是交流和鼓舞带来的信心。

正确的教育造就成功的孩子，父母望子成龙、望女成凤的愿望是可以实现的，而培养孩子的学习兴趣，可以让孩子快速提高成绩，也可以减轻孩子的负担和压力，具备实力的孩子定能在未来竞争激烈的大环境下出类拔萃！

第 02 章
不打不骂不动气，正面教育先要从了解你的孩子开始

提到叛逆，很多父母认为，这是青春期孩子的"专利"，其实不然，任何阶段的孩子都有逆反心理，只是随着孩子年龄的增长，自我意识也在逐渐增强，他们越来越渴望独立，对父母和老师的话不再"唯命是从"了，他们会嫌父母和老师管得太严、说话太啰唆，对父母和老师的教育容易产生逆反心理。因此，父母一定要根据孩子的年龄特点，了解孩子的逆反心理，并加以引导，只要我们方法得当，恰当处理，就可以兴利抑弊，及时帮助孩子排解逆反情绪，也能及时引导孩子回到正确的道路。

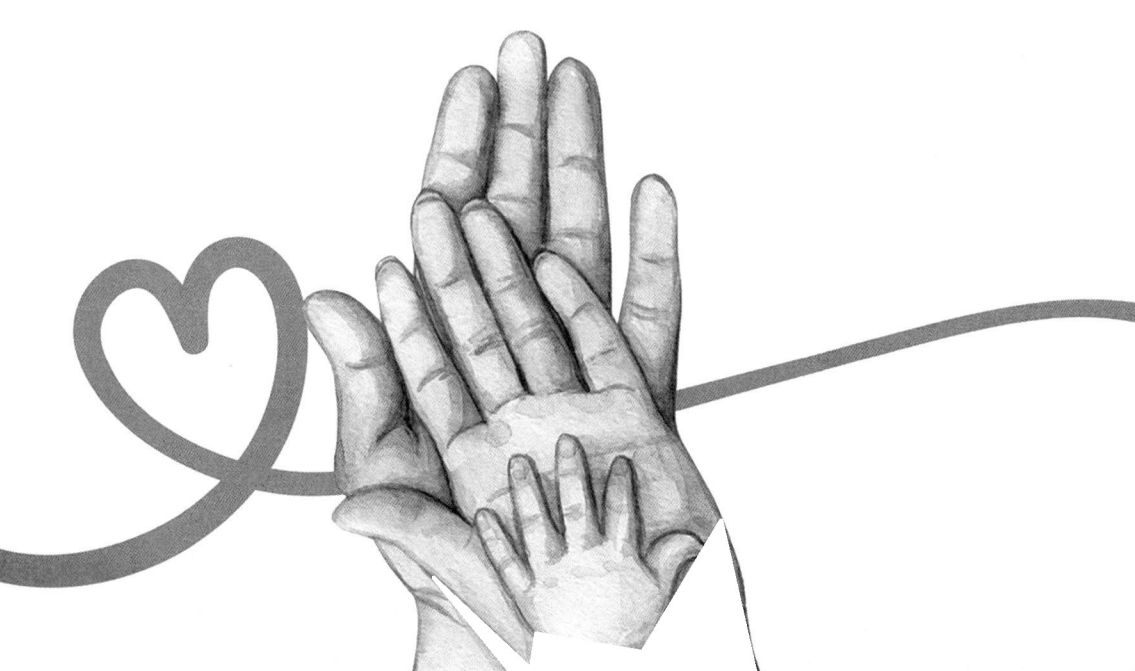

唠叨，只能让孩子越来越拒绝和你沟通

作为父母，我们都知道，叛逆几乎是每个年龄段孩子的共有特性，而唠叨似乎也是每位妈妈的特点。作为妈妈，很多时候，我们会对孩子的一举一动相当敏感，总是担心他们这个弄不好，那个弄不好。因此，我们经常会对孩子唠叨，但其实你越是唠叨，孩子越是不想跟你说话。

要知道，每个孩子都有独立的愿望，他们希望得到他人的认可和尊重，希望摆脱成人的约束，渴望独立。他们不愿意再像"小孩子"一样服从家长和老师，他们希望获得像"大人"一样的权利，因此，孩子越大，就越讨厌妈妈的唠叨，他们会觉得你很啰唆！

东东是独生子，他就是家里的"小皇帝"，爸爸妈妈生怕他遇到什么不开心或者委屈的事。可以说，除了工作外，他们把所有的精力都投入到东东身上，尤其是妈妈。东东的妈妈是一名家庭主妇，自从有了东东，她所有的时间都花在了东东身上，而东东也一直感觉自己很幸福。

不过，随着东东越来越大，妈妈发现，儿子似乎和自己有了很多隔阂，什么事情都不主动告诉自己，这让她很担忧，她也想改善现在的关系。于是，在东东生日那天，她和丈夫特地带着东东去了他最喜欢的自助餐厅。

第02章
不打不骂不动气，正面教育先要从了解你的孩子开始

来到餐厅后，妈妈取了很多东东最爱吃的食物，然后和爸爸一起对东东说："生日快乐！"他们本以为东东会开心地一笑，没想到东东很冷淡地说了一句："谢谢！"这让他们很意外。

"怎么了？你不开心吗？记得你小时候最喜欢我们给你过生日了！"妈妈疑惑地问。

"没什么，吃吧！"东东依旧低着头，轻声说。

"东东，你要是遇到什么学习上的问题，一定要跟妈妈说。"妈妈继续说。

"真的没什么。"东东已经有点不耐烦了。

"可是你今天真的很不对劲啊，你要是不跟我说的话，明天我去学校问老师。"

"你怎么总喜欢这样啊，烦不烦？"东东说话的分贝提高了很多。

这时，爸爸打破了母子之间的尴尬，笑呵呵地说："我们儿子长大了啊！儿子说说，今天在学校都发生了什么新鲜事儿啊？"

东东抬起头，淡淡地说："没什么事儿，每天都一样上课、下课。"爸爸不知如何接话，饭桌上一片沉默。

我们发现，这段亲子间的对话毫无效果，其实原因是多方面的，东东的妈妈在沟通技巧上还有待提高。干巴巴的道理唠唠叨叨个没完没了、讲话的语气咄咄逼人，这都会让孩子觉得很烦，自然不愿与你继续交流。

的确，在孩子还很小的时候，妈妈往往是孩子最愿意倾诉衷肠的对象，可随着孩子逐渐长大，这种情况往往就改变了，你的问候变成了唠叨，甚至招来孩子的厌烦。虽然处于这个时期的孩子渴望倾诉、渴望被理解，但他们更像一个锋芒毕露的刺猬，这就为妈妈与孩子之间的沟通造成了很大的障碍。

那么，作为妈妈，在避免唠叨的情况下，该怎样与孩子沟通呢？以下是几点建议：

1.少说话，善于察言观色

日常生活中，我们对孩子的关心不一定全部要通过语言，我们不妨学会察言观色，从一些小细节上发现孩子细微的变化。

另外，即使与孩子交流，我们也要对孩子的反应敏感些。孩子对谈话内容感兴趣时，可将话题引向深入，一旦发现孩子有厌烦情绪，就应立即停止，或转移话题，以免前功尽弃。另外，即使找到交流的话题，也应力求谈话简短有趣、目的明确，切忌啰唆，以免造成切入点选择准确，但交流效果不佳的情况。

2.用"小纸条"代替你的唠叨

沟通不一定是"用嘴说"，用小纸条也是不错的方法。

小杰是个单亲家庭的孩子，他的父亲在他三岁的时候就离开了。他的母亲就"身兼父职"，独自抚养小杰，母亲工作忙，还经常要出差，但出门前她总会在冰箱上留一个便条："里面有一杯牛奶，三个西红柿，请不要忘记吃水果。"在写字台上留张便条："请注意坐姿，别忘了做眼保健操。"

多年以后，小杰考上了大学，母亲为他整理东西时，发现他竟然把这些纸条全揭下来并完整地夹在书本中。母亲的眼睛一下子湿润了——原来孩子的情感之门始终是向自己敞开的，把自己对他的关爱始终珍藏在心底。

3.关心孩子不一定非得询问学习状况

关于亲子沟通，曾经有一篇报道指出："在与孩子沟通的问题上，家长

第02章
不打不骂不动气，正面教育先要从了解你的孩子开始

指导孩子学习的时间占70%，这就是问题的症结所在。"我们教育孩子，是要从全方位出发的，如果只关注孩子学习，很容易让孩子反感，进而拒绝与你沟通。

为此，父母们若想和孩子沟通，就需要多关注孩子除了学习外的其他方面。如果你的儿子是个球迷，那么，你可以默默帮孩子搜集一些相关的信息，孩子在感激后自然愿意与你一起讨论球技、赛事等；如果你的孩子爱唱歌，你可以在节假日为孩子买一张他喜欢的歌手的演唱会门票，相信你的孩子一定倍受感动，因为他的父母很贴心、很温暖。

这种类型的交流是"润物细无声"式的。它没有居高临下的压迫感，极具亲和力，孩子也容易敞开心扉，接受与父母的交流。

当然，让孩子敞开心扉，与孩子交流的方式、方法远不止这些。但总的原则是：妈妈一定不要唠叨，而是要让孩子觉得你是在真正地关心他，并且是从心底里关心的那种。

叛逆贯穿孩子整个成长阶段

一向认为自己的孩子省心的王女士最近也遇到一些令她困惑的事，束手无策的她只好来到儿子所在中学的心理咨询室，她说："我儿子今年刚上初中，13岁，他从小就是个听话的孩子，学习也很自觉，学习成绩也不错，所以很顺利地考上了这所市重点中学。只是我不明白的是，孩子怎么一到中学就变了很多，以前我给他零用钱他都舍不得花，现在倒好，每月生活费总是不够花。后来，我才发现，他喜欢买那些时尚的东西，还打扮得像个小混混似的，为此我常教育他，可他常常与我顶嘴，总是强调'时代不同了'，说我是老生常谈。我甚至告诉他，有本事就自己挣钱，结果他顶嘴后几天不理我，有时候还去同学家一住就是几天，我应该怎么办？"

心理医生说："其实，这是因为孩子进入了叛逆期，这些表现也是叛逆期的正常表现，不必过于担心。"

"叛逆期？是不是就是青春期呢？"

"其实不是，孩子明显的叛逆期有两个阶段，但叛逆行为却不只是在某个阶段发生，而是伴随孩子整个成长阶段的。面对孩子的叛逆行为，我们家长要改变教育方式，不可压制和打骂，要多进行引导，与孩子一起成长。"

第02章
不打不骂不动气，正面教育先要从了解你的孩子开始

生活中，王女士这种情况并不是个案，很多家长都遇到过，尤其是当孩子到了十几岁，便不再愿意听父母的话，他们好像突然一下子有了很多自己的想法，喜欢按照自己的想法行事。于是，很多家长不解：我那个乖巧的孩子怎么了？我该怎么办？

其实，这些情况对处于心理断乳期的青春期孩子来说，都是很正常的现象。

不少父母都知道，孩子到了12岁以后，就进入了令人头疼的青春期，这一时期孩子典型的表现就是叛逆，其实，叛逆行为并不是青春期孩子特有的行为特征，任何年龄的孩子都可能叛逆，据心理学家分析，孩子一般在3~5岁和12~13岁这两个成长阶段，容易出现逆反心理。

尽管如此，孩子的逆反心理更多是因为后天教育造成的。例如，在孩子还很小时，家长对孩子一味地娇惯和纵容，让孩子养成以自我为中心的心理，一旦孩子的不合理需求不被满足，就会哭闹，而为了制止孩子哭闹，不少父母会选择妥协，满足孩子的愿望。这实际上就是纵容孩子，一旦孩子意识到通过拿"不吃饭""大哭大闹""满地打滚"为手段要挟父母，能够"如愿以偿"，就会变得越来越任性。若这种任性一直持续到孩子长大，孩子就不仅仅是任性，而且会更加叛逆。

除了纵容孩子会造成他们任性和逆反心理外，父母对孩子过度严厉或不尊重孩子也会造成同样的后果。父母对孩子要求过于苛刻，孩子难以达到，就容易产生逆反心理和抵抗行为，久而久之，变得任性。

此外，现实生活中父母在家庭教育中最容易犯的毛病就是不顾及孩子的自尊心，不管在什么场合，不管在场的人多人少，也不管什么人在场，只要见到孩子的毛病甚至只是家长主观猜测就习惯训斥。尽管家长的种种做法主观上

是试图激励孩子、保护孩子，但却忽视了孩子的自尊，使孩子感到大大地丢了"面子"，自我形象和自我价值受到了不应有的贬低和损害。孩子为了保全自己的面子，就会产生逆反心理，不自觉地和家长对抗起来。

当然，孩子典型的叛逆期还是从12岁开始，此时，他们的自我独立意识逐渐增强，他们开始渴望摆脱对父母的依赖，这一逆反心理会持续到18岁。这一过程也是孩子从青少年逐渐到成人的过程，这一过程，被心理学家称为"心理断乳期"。此时，孩子渴望获得独立，渴望父母重新审视自己，把自己当成成人看待，但同时，他们依然不成熟，很多方面依然依赖成人。无论是精神上，还是物质上，他们都不能摆脱对父母的依赖，尤其是当他们遇到一些青春期的生理和心理问题的时候，他们更需要父母的帮助。

事实上，无论哪个年纪的孩子，都渴望塑造自我、渴望独立，因此，要想改善孩子的叛逆行为，我们就需要去洞悉孩子的内心世界。具体来说，我们要做到以下几点：

1. 尊重孩子的自尊心

父母要尽量支持孩子，尤其在他们遭遇困难、失败的时候，要帮助他们分析原因，总结教训，在行动和心理上给孩子一个依靠。

但是，父母不应迁就孩子不合理的、伤害自己及他人的行为，尤其在其过激行为上要加以制止，以防孩子以后总是用反抗的方式来要挟父母，以达到自己的目的。但切记要通过孩子能接受的、说服式的方式，避免硬碰硬，伤害到孩子的自尊心，而导致他们封闭自己的心门，不再和父母沟通交流。

2. 多理解，少责备

在叛逆期，不同的孩子依据转变程度的不同会出现不同的状态，他们非常渴望父母的理解。而生活中，一些父母只要认为孩子做错了事，就不分场合、方式地批评他，可以说，这是父母的通病，而实际上，这个时期的孩子是叛逆的，也是脆弱的，有时候，你不经意的一句话就可能伤害他们的自尊心，渐渐引起孩子内心的不满、埋怨。

所以批评孩子前先要弄清缘由，不要乱批评；需要批评时，要注意语气、场合和方式；批评时要循循善诱，使孩子心甘情愿接受。对于孩子遇到的困难和挫折，父母要耐心帮助他解决。

3.给孩子表达的机会

父母要在家庭中发扬民主精神，平时要多注意和孩子沟通，让孩子发表自己的观点，这可以让孩子感觉到无论做什么，只有"有理"才能站稳脚跟，这对发展孩子的个性十分有利。

总之，孩子的叛逆并不只是某个阶段的行为，而是贯穿其成长过程的。家长教育孩子，遇到孩子叛逆时，我们一不要害怕，二要教育引导，三要注意方式。这样就能与孩子建立和谐平等的关系，帮助孩子抚平躁动的叛逆情绪。

了解孩子叛逆情绪产生的原因，才能对症下药

很多年前，刘先生的妻子就出车祸去世了，他不得不一个人带着儿子。和其他孩子相比，小宝算是个听话的好孩子，不过，小宝偶尔也有叛逆的时候，随着小宝越来越大，也越来越难管教了。

这天，班主任把刘先生请到了学校。班主任说，小宝最近学习状态不太好，成绩下滑很厉害，希望刘先生能多关心和帮助孩子。听到班主任这么说，刘先生自己也很伤脑筋，他说："其实，我也很纳闷，小宝这两年和我的关系疏远了，不愿意和我说话，一回家就躲进自己的房间。有一次，我实在看不下去，就跑到他房间去问他在学校的学习情况，他竟然把我推出了房间。"

"他小的时候很听话，学习也很努力，自己考上了这所重点中学，当时我觉得很骄傲。但这一两年小宝好像变了，问什么都不说，还总嫌我烦。成绩也不如以前了，他现在这样的学习状态可怎么办？我一个人带孩子很不容易，而且我现在的工作压力也很大。"

听到刘先生讲述自己的烦恼后，班主任答应亲自开导小宝。当班主任问小宝为什么变得不听话的时候，小宝的回答让班主任吃了一惊："我都14岁了，再听父母的话，会被同学们笑话是长不大的孩子。"

第02章
不打不骂不动气，正面教育先要从了解你的孩子开始

现实生活中，可能不少父母发现，自己的孩子和案例中的小宝一样叛逆，这让当父母的很苦恼。其实，叛逆并不是青春期孩子的特有表现，而是伴随孩子整个成长过程的，只是随着孩子身体的成长，他们的自我意识也在逐渐提升，所以，他们不希望再被父母管束，认为这是一种不成熟和没长大的表现，对此，父母一定要加以重视，要承担起疏导孩子叛逆情绪的责任。

的确，我们会发现，一些孩子确实很叛逆，好像就喜欢故意和父母作对，总和父母唱反调。很多父母感叹："我让他往东，他就是往西。""我说的话，他就没有听过。"这就是叛逆心理，叛逆心理是指人们彼此之间为了维护自尊，而对对方的要求采取相反的态度和言行的一种心理状态。

那么，孩子产生叛逆情绪，有哪些心理原因呢？

第一，身体迅速成长，给孩子带来心理冲击，让孩子感到茫然和不知所措，进而用对抗来宣泄自己的情绪。

第二，孩子认为自己长大了，希望独立，尽管在很多时候仍然呈现出一种幼稚的独立性，并未成熟的他们会处在反抗期内。

第三，自我意识的增强。随着孩子成长，孩子对自己的私人空间会格外重视，不希望家长去窥探自己的隐私，从而形成了较强的自我意识，产生叛逆情绪。

另外，很多其他因素，如社会和家庭教育的一些不足，也会成为孩子叛逆的源头。青少年如今面临的很多压力，如升学压力、未来的就业压力等，也是叛逆心理产生的"激化因素"。

很多父母一看到孩子出现与以往不同的举动，就认为这是叛逆行为，担心自己的让步就意味着孩子的越轨，因此，对孩子的每个小细节都横加指责使较小的争吵升级为全面"战争"。其实，孩子最厌恶的就是父母对自己管得太

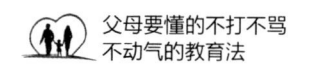

多、干涉太多。

为此，在你的孩子有叛逆苗头的时候，父母首先要反思，也许是自己正在挑起这种情绪，或者孩子对自己的什么地方有意见，然后有针对性地找办法解决。

具体来说，我们可以这样疏导：

1.面对孩子的变化，不必大惊小怪

我们首先要做的是了解孩子身心的变化，这样我们便能理解孩子的这些变化其实都不是什么大问题，在此基础上，我们就能坦然接受孩子的变化，并能转换角度，从孩子的立场看问题。

2.找出孩子产生叛逆心理的原因，有的放矢，对症下药

我们知道，每个孩子产生叛逆心理的原因和表现都是不同的。例如，如果你的女儿换了一种新潮裙子，你完全可以把这种现象当作普通的爱美之心。再如，你可以告诉孩子："妈妈知道你是爱美，这是好事情呀，想要漂亮是你的权利呀。但是最好穿厚些，要不然感冒了，不仅影响学习，身体也会不舒服。"

如果你的孩子事事和你作对，拒绝接受你的任何意见，就需要第三方的介入，让孩子信任的长辈与他好好沟通；或者寻求心理医生的帮助，进行家庭干预或家庭治疗。

在孩子出现比较激烈的叛逆心理时，我们要学会心平气和地去开导他们，也可以请教心理专家，用理解的心态逐步解决问题。

3.不必让孩子盲目听父母的话

童话大王郑渊洁说他从来没有对自己的孩子高声说过一句话，也从来没有说过"你要听话"。"因为我觉得把孩子往听话了培养那不是培养奴才

吗？"因此，如果你的孩子不听话，你不妨告诉他："爸爸妈妈并不是要你盲目地听我们所说的每一句话，什么话都听的孩子不一定是好孩子。"这样说，会很容易让孩子感受到父母对自己的理解。

4.鼓励孩子学会自己思考

虽然我们的孩子还未成熟，但是他们也有自己独特的思维，作为家长的我们，如果用成人的思维方式对他们进行粗暴的干涉，就会扼杀他们的想象力和创造力。所以我们要鼓励孩子学会自己思考。

5.给孩子一个行为标准

这个行为标准的制订必须是在父母和孩子已经站在统一战线的前提条件下，也就是孩子认可父母的话是正确的。

此时，你应该告诉孩子一个原则，一个标准。在这个原则和标准下，他知道什么可以做，什么不可以做，掌握好这个度就可以了。这不是不管孩子，而是怎样合理地管的问题。

因此，综合来看，对于孩子叛逆这一问题，我们要承担起梳理孩子情绪的责任，但也要辩证地看，我们不需要培养那种盲目听话的"乖孩子"，因为"乖孩子"真正成为社会精英、业界尖子的并不多，他们大多在一般劳动岗位上工作。当然，并不是说"不听话"的孩子就一定聪明，出尖子。孩子的"听话"应更多体现在生活规矩、行为道德上，而孩子叛逆，有自己的想法，父母应做出正确的引导，鼓励孩子将更多想法用在学习和为人处世上。

你的孩子为什么稍有不顺心就大发脾气

作为父母,我们知道,孩子将来会生活在一个更多变化的社会,他们在未来要面对职场的激烈竞争、复杂的人际关系,孩子的情绪调控和心理成熟能力如何,直接关系到他们的幸福。

然而,我们发现,随着孩子年龄的增长,孩子似乎脾气越来越大,稍有不顺心就大发脾气,父母说几句就会跟自己对着干,以前乖巧的孩子现在动不动还会跟人打架……其实,这些都是孩子叛逆的表现。

一天,平时工作就非常忙碌的刘太太被儿子老师的一个电话叫到学校,原来是儿子在学校闯祸了,可是令她不解的是,儿子一直很乖,连和人大声说句话都不敢,怎么会闯祸呢?

匆匆忙忙赶到学校,才问清楚情况:原来是班上有些男生挑事,说刘太太的儿子小强是"胆小鬼"。老师告诉刘太太,班上传言,小强喜欢某个女生,但一直不敢说,这些男生知道后,就拿这件事嘲笑小强。而小强则因为这件事很生气,于是大打出手,体型高大的他把这几个男生打得鼻青脸肿。

"我的孩子怎么了?"刘太太很是不解。

一向乖巧的小强怎么会突然这么容易被激怒而且对同学大打出手？日常生活中，如果我们被人叫作"胆小鬼"，兴许我们会生气，但一般不会太过情绪激动而做出一些伤人害己的事。其实，这是孩子叛逆的表现，随着时代的进步和孩子年龄的增长，他们的压力也越来越大，尤其是到了十几岁，他们至少面临着三方面的压力和挑战：

第一，身体快速成长和发育，对他们的心理造成了冲击，进而容易产生情绪。

第二，学习压力和升学压力增大，他们面临着激烈的学习竞争。

第三，情感方面的变化，他们渴望交流，渴望倾诉。

这三方面的压力常常交织在一起，矛盾此起彼伏，但孩子毕竟是孩子，还不懂得如何平衡这些压力，日常生活中很容易遇到一些刺激，他们把什么都挂在脸上，不像成年人那样善于控制或掩饰自己，常常喜怒皆形于色，发脾气就成了常有的事。美国的一位心理专家说："我们的恼怒有80%是自己造成的。"而他把防止激动的方法归结为这样的话："请冷静下来！要承认生活是不公正的，任何人都不是完美的，任何事情都不会按计划进行。"

因此，帮助孩子疏导情绪，强化孩子的心理承受能力，是父母给予孩子受益一生的珍贵礼物。

可见，作为父母，我们只有了解孩子叛逆的心理原因和心理特点，才能和他们做好沟通工作，帮助他们控制并合理宣泄不良情绪。

要帮助孩子控制自己不乱发脾气，父母可以从以下两个方面努力：

1.告诉孩子发火前长吁三口气

你要告诉孩子："发火前长吁三口气。"事实上，很多事情都没有我们想象得那么严重。如果不学着控制自己的情绪，由着性子大发脾气，不仅解决不了问题，还会伤了和气。

2.告诉孩子学会正确地宣泄自己的情绪

孩子毕竟是孩子，他们的内心是脆弱和敏感的，而且容易受伤，他们也会悲伤沮丧，此时，你可以告诉他，不妨哭出声来。在很多孩子看来，一个坚强的人就应该始终不哭，哭是懦弱的，而事实并非如此，在过度痛苦和悲伤时，哭也不失为一种排解不良情绪的有效办法。哭不仅可以释放身体内的毒素，还能释放能量，调整机体平衡。在亲人和挚友面前痛哭，是一种真实感情的爆发，大哭一场，痛苦和悲伤的情绪就减少了许多，心情就会痛快很多。流眼泪并非懦弱的表现。所以你可以告诉孩子，你该哭当哭，该笑当笑，但要把握好一个度，否则会走向反面。

总之，父母要明白，孩子脾气大，其实很多时候是叛逆心理的表现，这类孩子可能心理承受能力比较差，也有可能是压力大，我们要认识孩子的情绪，并帮助他们控制自己的情绪，只有这样，我们的孩子才能始终保持稳定的情绪！

第03章
用引导代替强制,让孩子远离逆反心理

我们的孩子每天都在成长,当他们的独立意识开始萌芽,就会开始要求独立、得到尊重,与此同时,成长中的问题也越来越多。不少父母发现,孩子怎么越来越难管?怎么屡教不改?尤其是不愿意与父母沟通。其实,我们应该反思,我们是否支持过他的想法呢?是否孩子一犯错我们就严厉批评呢?我们是否强制孩子做这个那个呢?其实孩子毕竟是孩子,他们是需要父母引导的,只有这样,我们才能真正进入孩子的世界,让他们接受我们的指引。

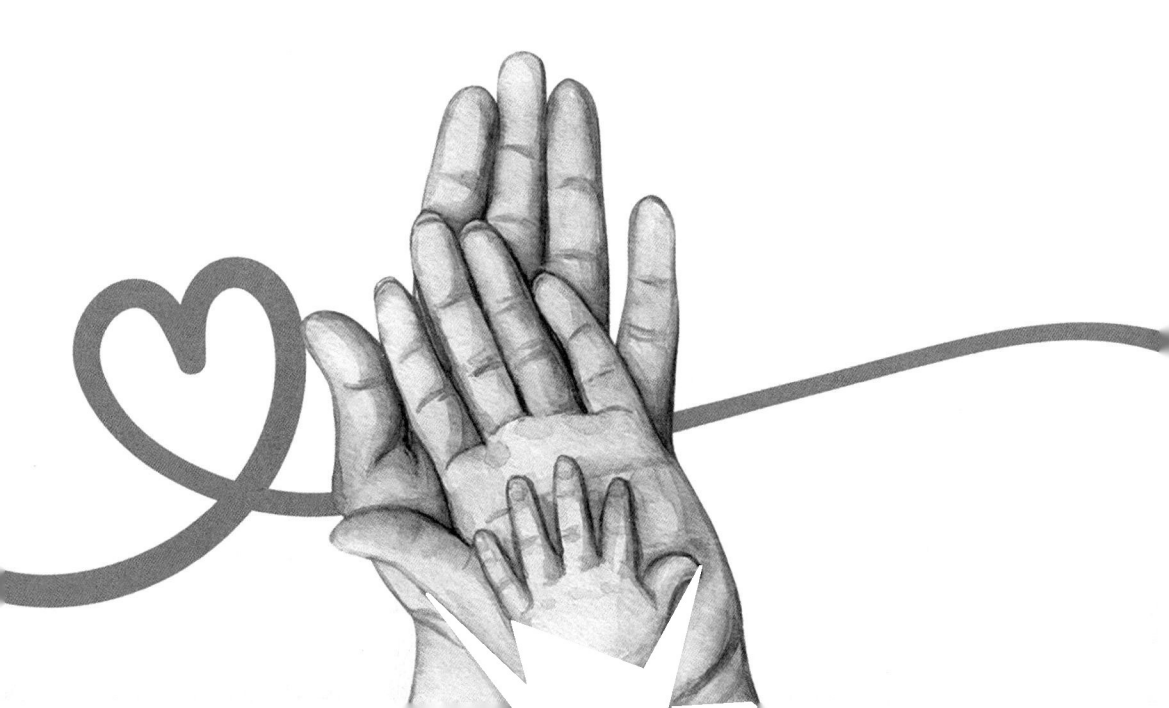

不妨将命令式语气改为启发式语气

在家庭教育中，不少父母认为自己的做法和看法都是对的，因此，他们总希望孩子按照自己的要求去做事，并且，他们喜欢用命令句式，因为他们认为，我们的孩子天生是听话的，应该由我们来决定孩子的一切，如"就这样做吧""你该去干……了"。而这种语气可能在孩子小的时候还能起到作用，但随着孩子年龄的增长和他们独立意识的萌发，他们的对抗情绪越来越明显，而这就是为什么在很多家庭中会出现"父母气急败坏，孩子无所畏惧"的现象。

其实，真正有效的教育方式是鼓励和引导孩子，而绝非命令，对于这种情况，我们家长不妨将命令式语气改为启发式语气，如"这件事怎样做更好呢""你是否该去干……了"，这种表达方式会让孩子感觉到家长对自己的尊重，从而引发独立思考，按自己的意志主动处理好事情。

对此，我们在家庭教育中，还需要注意以下几点：

1. 不要把你的兴趣和爱好强加给孩子

这是个性差异使然，很多有所成就的父母都希望自己的孩子能按照自己的兴趣、爱好，甚至为他规划的人生走下去，早有"子承父业""书香门第"之说，生活中这样的例子也是数不胜数：医生的儿女当医生，教授的儿女当老师……

父母总把孩子放在自己的掌心，而孩子却渴望一片自己的天空。这种"独裁"只会把你的孩子从你身边拉走。中国的父母太喜欢包办代替，操心受累之余还总爱不无委屈地说一句："我什么都替他想到了，能做的我都做了，我容易吗？"可是对于这一"替"，孩子不但不领情，反而加剧了他们的逆反心理，尤其是进入了青春期的孩子，他们更愿意固守自己的意志而拒绝父母的好心安排。

其实，父母的良苦用心可想而知，但有没有尊重孩子的兴趣，让孩子挑选自己感兴趣的东西呢？父母应该注意发现和培养孩子的兴趣。

大多数时候父母都会认为，孩子还小，很多事情他们不懂，我们的选择对他们才更有好处。殊不知，孩子虽小，他们也有着鲜活的思想和情感，有自己的兴趣。只有从兴趣出发，孩子才能自主地学习，才能学得又快又好，才能享受到学习的乐趣。

2. 不要把你的观点强加给孩子

你越是将自己的观点和价值观强加于他，他拒绝接受它们的可能性就越大，即便一个较小的孩子也是如此。

因此，父母要想办法弄清孩子的想法。例如，你可以这样说："我喜欢这个想法，但重要的是你如何看待。"而不是说："太棒了，你不这样认为吗？"或者可以说："你怎么看待那个电视节目？"而不是说："那个电视节目简直就是胡说八道。"

3. 当孩子产生情绪或者做出你不能容忍的事后，向他说明你的想法和感受

当你感到愤怒、难过或者沮丧，请说出来并向他说明原因，别只是大喊大叫。法国哲学家儒贝尔说："孩子们需要榜样，而不是批评家。"如果你的孩子看见你为他作出表率，那么，他也会学习安全而自在地发现并表达自己的

思想和感受。以下是父母需要做到的：

（1）如果你能接纳孩子的感受，那么，他就可能学会接纳、控制、喜欢或者应对自己的感受。

（2）帮助他提出要求。例如，"我想你现在很难过，给你一个拥抱，你会觉着好点吗？""我现在心情不好，我来是想得到一些安慰"。这样的话能让他放松地表达自己的想法。

（3）表达自己的歉意。这时，你可以依下列模式对他说点什么。例如，"今天我很不痛快，我因此冲你大声嚷嚷，真对不起"。

（4）孩子的嫉妒、愤怒、沮丧以及怨恨的感受，应该是可以接受的，而不应该遭到惩罚或拒绝。虽然可以有这样的感受，但不可因为你的感受而去伤害他人。

（5）给出一些不完整的句子，让孩子去补充完成。例如，"当……的时候，我最高兴""当生气的时候，我……""当……的时候，我觉得自己非常重要""当……的时候，我感到沮丧""当……的时候，我往往选择放弃""当受到斥责时，我想……"等。

父母告诉孩子要对自己的行为和情绪负责。你可以说，"当……的时候，我感到非常生气"，而不要说，"是你惹得我生气"。当你的孩子骂骂咧咧时，让他换一个词来表达他试图表达的内容。

总之，父母应该接受孩子的情绪，然后帮助他排解。毕竟，孩子应该有自己的感受和情绪，这才是一个有血有肉、有真性情的人，而不是作为你的傀儡而存在。

在家庭教育中，我们都希望孩子乖巧、听话，但我们要清楚一点，孩子并不是父母的私有财产，如果希望孩子样样服从自己的安排，结果将会适得其反。父母在言行上的矛盾教育常让孩子无所适从。父母在学习家庭教育理论知识的同时，还要善于反思、总结，不断提高自己的素养，转变自己的旧观念，把理论灵活地运用到实践中，才能有好的效果。对于父母来说，引导孩子做事是一个漫长而艰巨的任务，也可以说是一生的课题。总之，父母不要总是强迫孩子听话，把什么都强加给他。

多听少说，给足孩子谈话的权利

为人父母都希望自己的孩子能省心、听话，不希望自己的孩子叛逆，为此，很多父母剥夺了孩子说话的权利，总是要求孩子按照自己的想法去说话、做事，但越是压制，孩子就越是反抗。教育心理学家认为，我们越是希望孩子减少叛逆行为，越是要给足孩子谈话的权利，让孩子多谈自己的感受，只有这样，才能建立畅通的沟通方式，孩子才会愿意接纳父母的意见和接受父母的管教方式。

因此，父母要注意以下几个方面：

1.多听少说，了解孩子内心的真实感受

我们不能否认，有时候，我们的出发点有利于孩子，但却使用了错误的灌输式教育方式。我们可能没有意识到，自己平时对孩子的要求常常置之不理，也忽视了孩子的内心感受，这会使孩子感到沮丧，感到不被尊重。如果我们能加以改正，多听少说，孩子也就不会拒绝听从大人的"命令"。

为此，每次我们在向孩子"发号施令"的时候，不妨先思考以下几点：很多时候父母唠叨是为了满足自己的情绪需求，要尽可能多地关注孩子的需求；不要在孩子面前表现自己的无奈；教育孩子不要追求道理，要追求效果；一定要思考，怎样说才能见效。

2.避免喋喋不休

调查资料显示，当父母在孩子面前喋喋不休，把自己真正要讲的意思和许许多多"废话"，如抱怨、絮叨或责备都夹杂在一起，或是把要对孩子说的几件事和几个要求都混在一起跟他说个没完时，效果反而会适得其反。

3.不要大声说话

大喊大叫地对孩子发布命令，这是最不明智的做法。因为，虽然此时孩子的注意力都在父母身上，但他关注的只是父母脸上的愤怒表情，而不是父母所说的话。事实上，父母越温柔和轻声地说话，孩子越容易关注父母所说的话。

4.尊重孩子的感觉

孩子都有自己的想法，尽管他们的想法可能是幼稚的，甚至是错误的，但我们不能轻易否定他，要尊重他的感觉和选择。

妈妈带着小强去买衣服，小强看中一件上面印有奥特曼的外套。妈妈一看，那是一件质量很差的衣服，做工非常粗糙。于是，妈妈给小强选了另外一件。小强很不高兴。妈妈耐心地跟他说："那件质量不好，而且不适合你。这件质量好，比那件还贵呢！"可是小强却说："这件虽然好，但是没有奥特曼，不是我喜欢的。"

其实，孩子并不想买多么高档的东西，他们更注重自己的兴趣。只要孩子喜欢，就是买一件质量差的又有什么关系呢？

5.多给孩子一些决策空间

儿童已经不是襁褓中的孩子，也不是牙牙学语的婴幼儿，他们已经有了独立决策的能力了，为此，你不妨在一些教育方式上做出以下改变：

（1）尽量让孩子自己做决策，甚至，有些情况下，你可以为孩子制造些自主决策的机会，而你要做的，并不是替孩子成长，而是站在他的身边默默支持他，帮助他。

（2）给孩子一定的势力范围，让他自己经营。他的房间归他管，你只有建议权，他有决定权。

（3）等孩子向你伸手、希望获得你的帮助的时候再出手。

（4）不要害怕孩子受挫折，这是一个必经的过程。

6.给孩子的自由规定原则

给孩子最大限度的自由，不但能培养孩子的独立性，还能让孩子感到被尊重。不过即使这样，我们也不能让孩子任意妄为。父母应该给孩子定下一个原则，在这个原则之下，给孩子充分探索、自由活动的时间和空间，不要紧盯孩子的一举一动。例如，父母可以定下规矩：在外面玩不能去马路上，只能在楼前的这片空地上玩。但至于怎么玩、和谁玩，由孩子自己决定。

父母是孩子的第一任老师，沟通方式的正确与否直接影响着孩子的一生，古今中外的成功人士身上，都有一个优点，那就是有主见、有思想、有魄力，这样的人才是做大事的人，也是能够历经磨难的人。因此，作为父母必须要认识到，"为孩子拿主意"的想法是永远行不通的，鼓励孩子大声说出自己的想法，才能让他慢慢自立起来，成为一个有用的人！

作为父母的我们，如果能了解孩子的心理，并能做到以上几点，相信我们一定能走进孩子的内心世界，他们自然也不会对我们的话采取"置若罔闻"或者"随便敷衍"的态度了！

孩子犯错很正常，没必要小题大做

曾经有人说："孩子是在犯错误中成长起来的，因此，要允许他们犯错误，要正确对待他们所犯的错误……"对于孩子来说，他们有个特点，就是好奇心重，面对丰富多彩的现实生活，心中充满了各种疑团，对周围的一切都想探明个"究竟"。由于好奇心的驱使，不管是该做或不该做的事情，还是能做或不能做的事情，他们都要去探究一下，去尝试一下，这就可能会使他们犯错误。而捷尔任斯基说："拷打、严厉和刑罚永远不能作为一种影响儿童的心灵和良知的好办法，因为它们时常留给儿童的印象，就是成人的暴行。"暴力、严厉是很多父母解决孩子犯错误的重要手段，目的是让孩子记住错误，可实际上，这些都对孩子的心灵成长造成了严重的负面影响，孩子要么变得性格懦弱，要么会对抗父母，行为叛逆。其实，对于孩子来说，他们的心理是脆弱的，需要父母用温柔的方式引导，而不是用激烈的言辞甚至采取暴力手段对待。其实，父母要明白的是，面对孩子犯错，重在帮助他改正错误，在错误中锻炼自己，惩罚并不是最终目的。

对于犯错误的孩子，只要不是"罪不可赦"，挽救比"绳之以法"要重要得多。但在现实生活中，很多对待犯错误的孩子的挽救方法有时过于简单，例如，有的孩子一念之差做错了事，马上就被贴上坏孩子的标签，甚至小题大做，使他在其他人面前永远抬不起头。

孩子犯错，父母应该创造条件让他认识到自己所犯的错误，并且给他制造改正错误的机会。

然而，生活中，就是有这样一些父母，他们一遇到孩子犯错误的情况，就大声责骂孩子，结果，孩子反对的声音比他更大，最终，双方的情绪都很激动，这让亲子关系变得很紧张。

那么，作为父母，应该怎样帮助孩子认识到自己的错误，让孩子在错误中锻炼自己呢？

1. 及时发现孩子的错误，及时地纠正并教育

让孩子知道错误不是不可挽救的，只要改好了，就可以得到原谅。父母千万不要在孩子做错事后，一味地批评、指责孩子，这样容易让孩子产生逆反心理，导致孩子以后犯错时总想找借口推脱。对懂得道歉但又频繁犯错的孩子，父母不仅要注意孩子道歉的言语，还要关注孩子改正错误的行为。因此，如何处理孩子所犯的错误，比孩子犯的错误更值得父母思考。

2. 帮孩子找出犯错误的原因

古人云："人非圣贤，孰能无过。""圣贤"也是会犯错误的，何况是涉世不深、各方面都不成熟的孩子呢？这句富有哲理的话告诉父母，孩子犯错是不可避免的，不要大惊小怪，应正确对待，弄清楚孩子犯错误的原因。从年龄角度出发，孩子有犯错误的"权利"。他们年龄小，经验不足，辨别能力又很弱，另外，他们抵制能力和自制能力差也是他们经常犯错误的原因。此外，错误的模仿也是他们犯错误的一个原因。他们往往模仿成人的一些错误言行，从而使得自己犯错误。孩子犯错误除了有其年龄特点外，还有教育上的问题。

3.晓之以理，动之以情

用情是让孩子接受教育的前提，父母让孩子感受到父母的爱，孩子才会以同样的情感回报父母。孩子需要父母的关爱，这对于他们成长如雨露和阳光，一句简单的问候，一声简单的生日祝福，都会给他们带来温暖，给他们增添信心和勇气，种种爱的言行都会感化着孩子的心灵。

4.适当表扬，鼓励孩子

孩子的有些错误是无心之失。当孩子犯错误时，我们不要一味地批评。不妨换个角度表扬孩子，让孩子去感受更多的温暖，去体会更多的快乐。

总之，孩子还处在成长阶段，偶尔会犯下错误，父母应该允许他犯错误，重要的是孩子犯了错父母怎样引导他们认识错误，怎样让他们从中吸取教训并自觉地改正错误。另外，儿童有其自身的不同特点，家长要用不同的方式教育孩子，也就是对孩子的教育注重技巧和方法，惩罚绝不是目的，给孩子改正错误的机会，使他们回到健康发展的轨道上来，这才是父母教育孩子的根本目的！

不剥夺孩子话语权，孩子才愿意说

作为父母，我们都爱孩子，但却不是所有的父母都能教育出出色的孩子，其中重要的原因之一就是父母无法走进孩子的内心世界，无法和孩子进行良性沟通，很多亲子间的矛盾就是这样产生的。之所以造成这样的结果，主要是因为很多父母没有意识到，孩子是一个独立的生命体，并不是你生命的延续。我们很多父母，潜意识中把孩子看成自己的附属品，甚至是替代品，在沟通中，也就无意识地剥夺了孩子的话语权。

父母漠视孩子的感受，不给他们发言权，那么，时间一长，孩子要么会放弃说话的权利，要么变得敏感、暴躁，后者就是很多孩子与父母对抗的原因之一。相反，那些尊重孩子的父母，在孩子很小的时候，他们就懂得蹲下来和孩子说话，注视着孩子的眼睛，认真聆听他们的意愿，与孩子商量办法，共同决定孩子的生活。这样的孩子，从小就有一种存在感，因为他们得到了父母的重视，这让他们在人际关系中更有自信。因此，话语权就算是对不懂事的孩子，也是非常重要的。

我们先来看下面的故事：

陈女士是一家国企的领导，平时工作认真但却不苟言笑，而她的女儿却是个活泼的女孩。

在女儿上初三那年，也许是觉得自己已经长大了，她常要求跟妈妈"平等对话"。

有一天，女儿双手拉着妈妈的胳膊，神秘兮兮地将她拉进了自己的房间。

"什么事啊，干吗这么神秘？"妈妈不解地问，"搞什么鬼啊？"

"妈，我问你件事。"女儿关上房门，悄声对妈妈说。

"有什么话不能大声说啊？"妈妈更不耐烦了，觉得家人之间，用不着藏着掖着。

"是我们女人之间的事儿，别让我爸听见。"女儿压低声音说。

"快说，有什么事？"

"妈，你在中学时有没有喜欢过男孩，有没有男孩喜欢过你？你当时什么感觉，怎么处理这样的事情的？"

"你是不是早恋了？快跟我说说是怎么回事，怎么突然问起这个问题？"妈妈有些着急地问女儿。

"你先回答我的问题，我再告诉你。"

"这种事情我怎么能跟你说呢，你还是孩子，还不懂。快跟我说，你是不是早恋了？"妈妈有些恼火，急不择言地说。

"你不说就算了，我也不想跟你说了。"女儿脸上没有了笑容。

"你快跟我说，你要急死我啊？"不懂女儿心思的妈妈，并不知道女儿内心情绪的变化。

"你出去吧，我要写作业了。"女儿将妈妈推出房间，关上了门。

的确，女儿和妈妈谈及一些女性的话题，其实是在寻找一个同性的榜样，或者说一个人生的同路人，希望获得成长和前进的心理能量，获得情感上的支撑力量。可是，妈妈却拒绝坦诚地与女儿交流，堵住了母女间良好沟通的路径。

因此，作为父母，如果希望你的孩子向你敞开心扉，那么，你就必须给孩子话语权，但给孩子话语权，并不是命令孩子："告诉我！"而是应该把孩子放在与自己平等的位置，以朋友的身份鼓励孩子，让孩子表达内心的真实想法与感受，在这个基础上，父母才能有的放矢地对孩子进行教育。

除此之外，给予孩子话语权，还需要父母做到以下几点：

1. 多倾听，给孩子倾诉的机会

很多时候，作为父母，我们可能忽视了孩子的真正需要，他们需要的不是教训，而是父母的理解和倾听。而事实上，很多父母却常常不分青红皂白，就对孩子进行一顿语言的狂轰滥炸，比如这样的一个场景：

"什么？你在学校又犯事了？"孩子解释说，是老师冤枉了他，结果妈妈根本不理会孩子的解释，接着训斥："没犯错误老师能冤枉你吗？那么多学生为什么要冤枉你一个啊？还敢撒谎！"接着，孩子听到妈妈的话之后，原本还想解释什么，但他不说话了。

其实，你知道吗？孩子这时候最需要的是妈妈的一个拥抱，一个肯定的眼神。但妈妈的否定却让孩子退缩了，他原本希望妈妈是他的避风港，结果却发现自己又遭到一番教育，甚至成为出气筒，如此这般，孩子还愿意和家长沟通吗？所以我们要给孩子倾诉的机会，让孩子宣泄心中的情绪，这对孩子的心理健康是非常重要的。

2.及时回应，适当引导

我们说，倾听很重要，并不是不让父母说话，而是要和孩子进行交流，这需要双方有来有往，那么，在耐心倾听后，我们怎样给孩子回应呢？

更多时候，我们要用适当的语言梳理孩子的情绪，也就是认同孩子的情感。例如，"看起来你很生气""你有点控制不住自己了是吗？""听起来你很失望，真是不走运""我明白了"，或者说"真有意思，要是我当时在场就好了，后来呢？"启发孩子说下去。

有些时候，我们听孩子说完之后就完了，但有的时候，为了解决问题，也可以给孩子一些建议。

不过，给建议也是要讲方式的，一个原则就是，尽量少用自己的嘴巴给孩子建议，最好是让孩子自己分析找出办法。父母说得多了，孩子未必能听得进去，经过孩子自己思考得出的结论，才会真正成为他自己的经验。

避免传统的打压，用引导代替惩罚

我们不能否认，每一个孩子的成长都不可能不带任何问题，面对孩子行为上的偏差，一些家长运用传统的打压方式，和孩子置气，企图通过这种方式来纠正孩子的错误行为方式和观念，然而，很多时候，他们得到的是事与愿违的结果。

孩子毕竟是孩子，他们也会从父母的行为中获得信息反馈，进而给出应对措施。如果你总是言辞训斥，或者唠叨，久而久之孩子也不吃你这一套了。我们的教育如果只能让他们感到恐惧和心烦，甚至与父母对抗，那这样的教育是有问题的。

许多孩子身上的毛病，如撒谎、顶撞、冷漠、暴力等，很多时候就是父母简单粗暴的管教方式下的产物。有时候，我们对孩子言辞粗鲁，换来的是他的愤怒，两者之间越说越僵，导致双方都气急败坏，最后不仅教育的目的没有达到，反而还破坏了做事的心情，很多的时间都被耽误了。更可怕的是，下次再有类似的事情，孩子根本不愿意与你沟通，父母和孩子之间的障碍就是这样形成的。

有位妈妈就遇到了这样的困惑：

她的女儿今年上四年级了，性格活泼，讨人喜欢，但就是不知道节俭，对什么都不珍惜，刚买回来的衣服，穿几次就扔了；买回来的食物，吃几口就扔。为此，妈妈很是头疼。

一天晚上，她和丈夫商量，一定要好好教育女儿，没想到，她准备的一系列"惩罚"措施不被丈夫赞同，丈夫告诉她，打是没有用的，不妨对女儿进行一次"忆苦思甜"教育。妈妈觉得有道理，就买了两张票，陪女儿去看芭蕾舞剧《白毛女》。

看完回家后，妈妈问女儿有什么感想，女儿想都没想就说："喜儿去当白毛女，我看是让她爸逼的。借债还钱本来就是天经地义的事，杨白劳借了黄世仁的钱，为什么不早点儿还给人家，逼得女儿躲进山里？喜儿也够傻的了，黄世仁那么有钱，嫁给他算了，干吗要到深山老林去当白毛女？"

听完女儿的回答，妈妈目瞪口呆："这孩子怎么会有这样的想法。"事后，她和丈夫在谈到这个问题时，依然不敢相信那些话是从女儿嘴里说出来的。

她回想自己小时候看《白毛女》电影的心情，为喜儿流了那么多眼泪，恨死了黄世仁，可今天同样的故事，孩子怎么看不懂了呢？

那么到底该怎么办呢？孩子是打也打不成，骂也骂不得，文化教育也是无效。此时，丈夫对她说，孩子不懂历史，又没有体验，她不知道今天的好日子是怎么来的，当然会产生这么幼稚的想法。

于是，这天晚上，她和丈夫都放下手头的事，协同爷爷奶奶一起，谈起了那个艰苦年代的生活，刚开始，女儿有点不耐烦，但听到后来，女儿越听越有兴致，听完后，她说："我终于知道妈妈为什么带我去看舞剧《白毛女》了，也明白奶奶为什么那么节约了，我以后绝不浪费了。"

听到女儿这么说，夫妻俩相视一笑。

这里，我们发现，这位夫妻的教育方法是正确的，当孩子有大手大脚、浪费的生活习惯时，他们并没有选择与孩子置气的方法，对孩子进行打骂教育，而是寻找更为积极的方法，在前一种方法行不通的情况下，他们便让孩子了解历史，了解长辈们所经历的风雨，继而让孩子了解父母的良苦用心。

的确，可能很多父母认为孩子不懂事，不理解父母甚至不听话，但你真的了解孩子吗？他们与我们有着不同的成长环境，又怎么能要求孩子与我们有同样的行为习惯呢？而要改正孩子的行为和观念，强行压制是没有用的，正确的方式是根据孩子具体情况进行巧妙引导。

所以，父母应该有这样的意识：孩子是孩子，我们是我们，这是两码事。虽然孩子的思维和心理发展还不成熟，但是，他拥有和成年人一样的人格尊严。尊重不代表同意、支持，更不是全盘接受。尊重不等于放任与放纵，更不是放弃，尊重是允许对方以不同于自己的方式存在。在遇到分歧时，我们不妨按以下三步来试试：

第一步，先听听孩子的意见，看他的看法是否合理。

第二步，进行讨论，可以相互妥协，各让一步。

第三步，如果双方意见统一了，就按照约定去做；如果不统一，要讲道理，有的也可以先搁置再说。

另外，在与孩子沟通时，需要注意以下几点：

1.注意场合和时间

与孩子交流感情的时候，最好是睡觉前，这是孩子心情最为平稳的时候。

2.营造和谐的沟通氛围

和谐的气氛永远是与孩子沟通的最好添加剂，要专心听他们的意见和看法，要理解他们的情感和需求。

3.平行的对话艺术

聪明的父母与孩子谈话时,并不总是正面对着,而是并肩同行,朝着一个方向,这样谈起话来,显得轻松、自然,很有人情味,孩子愿意听,也乐于接受。

第 04 章
树立正确心态，家庭教育中最要不得大喊大叫

在家庭教育中，我们经常看到一些父母，面对孩子的不良行为，所采取的教育方式是对孩子大喊大叫。他们以为大喊大叫能让孩子听话，其实，这种方式只能一时奏效，但是父母长期的大喊大叫会让孩子要么变得胆小、自卑、缺乏主见，要么走向另外一个极端，让孩子变得叛逆，甚至是怨恨自己的父母。但无论哪种结果，都不是我们想要的。为此，教育心理学家建议：在家庭教育中，父母要避免大喊大叫的教育方式，要做到尊重、理解和引导孩子，让孩子真正接纳我们，这样才能让孩子减少叛逆行为，真正健康地成长。

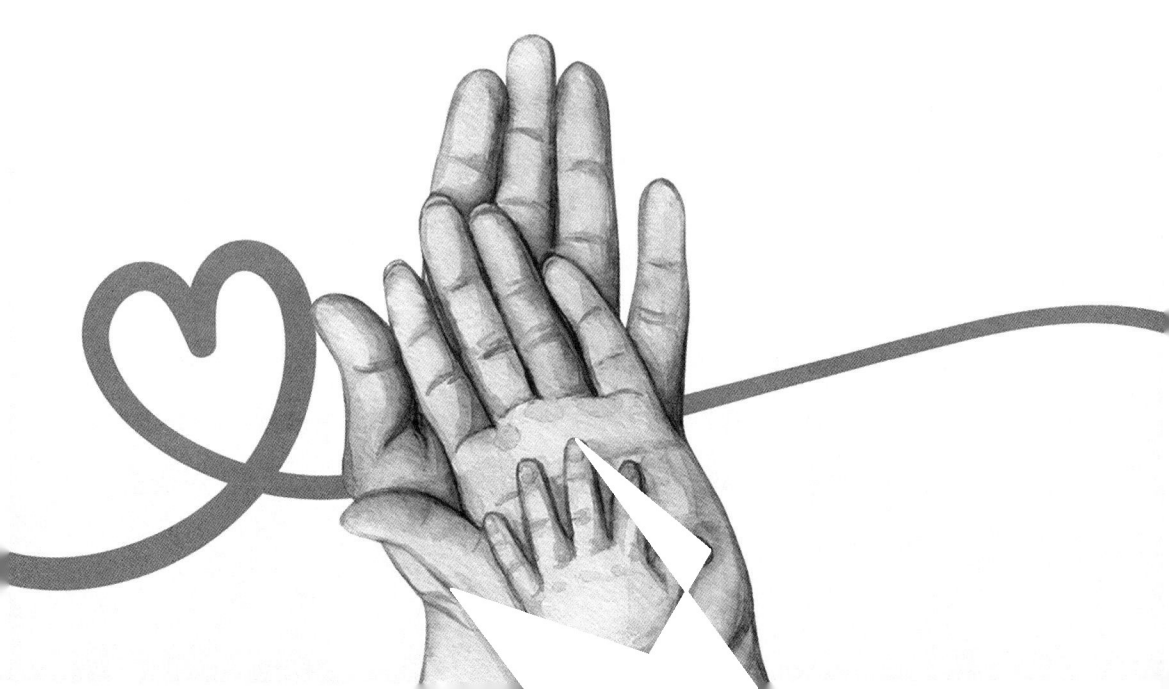

避免大喊大叫，父母首先要改变心态

心理学专家介绍，情绪是人与生俱来的心理反应，它由4种基本情绪构成：愤怒、恐惧、悲伤、快乐。这如同绘画中红、黄、蓝三原色，其不同的组合构成人的各种情绪状态。每个人都有情绪，孩子有情绪，父母也有情绪，在家庭教育中，孩子做了错事，或者偏离我们的教育方向时，有的父母大喊大叫，有的父母的教育方式比较温和，很明显，温和、理智的父母更能避免让孩子产生对抗情绪。

一些父母认为，我是家长，孩子就要听话，否则就得大喊大叫。实际上，你越是大声，孩子越是反抗，甚至会用叛逆来对抗你，不但造成亲子关系紧张，还有可能影响孩子的健康成长。

因此，教育心理学家称，在家庭教育中，家长要避免大喊大叫，家长首先要树立正确的心态。我们先来看下面一个女孩的内心独白：

"我是个青春期女孩，妈妈的脾气很暴躁，很难相处，她的话我越来越不想听，我的话我妈一听就气，我们俩每天都要吵架，害得我俩都很伤心。我爸当墙头草，但更向着我妈，有时候还和我妈一起骂我，还想把我赶出去……我妈一点也不了解我，觉得每天就让我吃好喝好穿好用好就行了，一点也不关心我的心理，让我每天都想哭，我总觉得和她有种隔阂，为什么她就不能理解理解我？"

很多家庭中，父母认为孩子就必须听自己的，一旦孩子不听话，就大喊大叫，而孩子则情绪叛逆，认为父母不理解，于是，经常爆发一次次家庭大战。父母大喊大叫，孩子气急败坏，问题并没得到解决。

其实，家庭教育问题的根源在于我们父母自身，孩子毕竟是孩子，他们是情绪化的，但我们父母要调整好心态，避免大喊大叫。为此，我们要记住以下几点：

1.尊重孩子，平等交流

父母要学会跟孩子聊天，不要认为孩子的世界很幼稚，对孩子的话题不感兴趣，而是无论孩子说什么，都要表现出很感兴趣的样子，这样孩子才有跟你交谈的欲望。

2.当遇到分歧时，试着换位思考

有些时候，作为父母，我们要反思自己的处理方式，要多站在孩子的角度考虑，你就会发现，如果我们是孩子，也无法接受大喊大叫的训斥，想到这些，自然也就能理解孩子的情绪了。

你知道对孩子大喊大叫的危害吗

作为父母，我们都"望子成龙，望女成凤"。但在教育过程中，"不听话"似乎是很多父母都会遇到的教育问题。一些父母脾气本来就不好，在看到孩子犯错或者不听话以后就会大吼大叫地去责骂孩子。而一些脾气好的家长有时候因为各种原因也会忍不住对孩子发脾气。其实仔细想想，发脾气的主要目的还是让孩子变好，可是发了脾气，孩子真的变好了吗？孩子能理解你的一片苦心吗？

事实并不是如此，曾经有位妈妈讲了一段教育孩子的经历：儿子调皮加上自己心情不佳就大骂儿子一顿。气头过去之后，她问孩子："你知道自己刚才错在哪里了吗？"儿子一脸茫然看着她说："我惹妈妈不开心了，下次不会了。"这位妈妈才意识到，原来自己发火吼叫并没有让孩子认识到错误，除了让孩子恐惧、伤心，自己也感到后悔之外什么效果也没有。我们再来看下面的案例：

周医生开的心理诊所最近门庭若市，其中很大一部分人都是来寻求帮助的家长，周医生遇到这样一位妈妈，她这样陈述自己遇到的问题："当了十几年的妈妈，我第一次发现，教育孩子这么难，我家小子现在也不知道是怎么了，小时候，他还开玩笑说以后一定要找一个和妈妈一样好的女孩，可是现在我感觉到他开始厌恶我，形象点说他的耳朵现在就是个过滤器，对于同学和朋友的话他倒是听得进去，但对于我的话，他充耳不闻，让你的话在空气中穿过就完事。于是，我的办法就是大声地吼他来提高他的听进率。不过，事后又总觉得这样不好吧，会不会给他留下什么阴影呢？我该怎么办才好呢？"

对于这位妈妈遇到的问题，周医生的建议是：最好不要吼孩子，这样无济于事。据调查，74%孩子希望妈妈不唠叨。的确，通常来说，一般妈妈在孩子的衣食住行方面倾注的心血更多，但随着孩子逐渐长大，他们便把这种关心当成唠叨，甚至对妈妈的话充耳不闻。这是为什么呢？

不知道你是否发现，随着孩子逐渐长大，他们的独立意识开始萌芽，虽然不如青春期的孩子有强烈的独立愿望，但他们也不愿意再像"小孩子"一样服从家长和老师，他们希望获得像"大人"一样的权利，因此经常固执地与父母顶撞。不愿与父母沟通交流，对父母的教导表示厌烦。这些都是正常现象。而很多父母和案例中的这位女士一样，孩子不听，就加大唠叨的强度和数量。但这样真的有效吗？答案当然是否定的。你的坏脾气不仅没有起到教育作用，反而危害不小。乱发脾气对孩子产生的危害你都知道吗？

1.让孩子产生逆反心理

孩子的逆反心理表现在对父母的话置之不理，即使是父母发火，孩子也不害怕，甚至会顶嘴反抗。亲子沟通变得越来越困难。

2.孩子的行为不会有所改观，反而会加重

你的"大喊大叫"出发点是想制止孩子的不良行为，是想让孩子听从你的教导，改过自新，而事实上，孩子会因为你的粗暴方式对你产生愤恨，不仅不会改变，而且会加重孩子的叛逆行为。

3.孩子会产生恐惧心理

你的粗暴行为可能会吓住孩子，甚至会让孩子产生心理上的恐惧感，这种恐惧感会造成孩子的胆怯、自卑和使孩子缺乏安全感，他会觉得你是一个"疯子"，他会变得更加敏感，长久下去，完全有可能导致性格的扭曲。

4.孩子可能会用"大喊大叫"回击你

你的行为会直接影响到孩子，孩子觉得父母可以对我大喊大叫，我也可以对别人大喊大叫。有的孩子会以牙还牙，他会用同样的方式来回击你，他不会用讲道理、冷静和理智的方式来对待你，因为你就是孩子的榜样。

5.脾气暴躁

孩子的问题是父母问题的映射。如果父母通过发火来教育孩子，孩子也会跟着父母学，父母无法控制自己情绪，孩子也就会慢慢丧失对自己心智的管理能力，养成敏感、易怒、乱发脾气的性格。

6.抑郁倾向

父母情绪控制力差，对孩子的接纳程度低，常常将各种不满归在孩子身上。长期生活在压抑的环境中，会导致孩子的自我认知降低。他们会认为是自己不好才会招致父母的打骂，将父母的打骂合理化。抱有这种心理状态的孩子，会给自己贴上"失败者"的标签。

大量实验数据表明，长期生活在高压环境中的孩子，自我评价低，青春

期患上抑郁症的概率高。儿童青少年常见的抑郁症状是情绪低落，易激怒、精力减退，难以集中注意力。13岁以上的儿童出现自责、无价值感的比率增高。

这些结果都不是我们父母想看到的，然而当面对情绪"打火机"点着的时候，父母总是忍不住要蹭上去，将自己点燃，"灭火器"也时常被人为地搁置起来。

当大喊大叫、鸡飞狗跳的暴力妈妈遇到充耳不闻的孩子……这一刻，很多父母一定束手无策吧？

事实上，在很多家庭中，对孩子发脾气似乎已经成为一种常见的现象。身为父母的你，也曾经这样对待过孩子吗？童年时期的你，是否也曾被父母这样对待过？

相信大部分父母给出的答案都是肯定的。可是，对孩子发脾气就能达到你所想要的教育效果了吗？你是不是经常发脾气的父母呢？

对此，你可以反问自己以下几个问题：

问题一：孩子的行为不符合我的期望就一定是错的吗？我的期望就一定是正确的、标准的吗？

问题二：大喊大叫，情绪失控是自己压力太大想找一个发泄出口还是因为孩子犯了天大的错误吗？

很多父母表示说：我知道发火不对，不仅对自己的身体不好，更影响孩子的身心健康，但是就是忍不住，怎么办？

你可以告诉自己：

对着孩子吼叫乱发脾气的时候自己的面孔非常狰狞、可怕。

淘气、调皮是孩子探索世界的方式之一。不止我家孩子这样淘气，别人家的孩子也都一样。孩子还有很大的学习和成长空间。

大喊大叫不能解决任何问题，只会让孩子伤心哭泣，恶化亲子关系。

和情绪做朋友，重新认识情绪，学会转化情绪，将"和平、喜悦和友善"这份最珍贵的礼物送给自己孩子，孩子将受益一生。

大喊大叫，解决不了任何问题

涛涛的父母都是知识分子，从小他们对涛涛的管教就十分严格，他们谆谆教导涛涛不许这样、不许那样。在十几岁以前，涛涛也一直算是个比较听话懂事的孩子，但这几年，涛涛开始不服父母的管教了。

涛涛越是不听话，妈妈越是大喊大叫，涛涛越是烦躁，他甚至觉得家就像个牢笼一样，他害怕回家。

一次，天都黑了，涛涛父母发现孩子还没回家，问了所有同学都没有涛涛的消息，他们只好自己找，结果却发现涛涛一个人坐在学校的操场上发呆。他们纳闷了：孩子到底是怎么了？

这里，涛涛为什么不想回家？因为家对于他来说就是束缚，因为他一回家，就要面临父母的压制，尤其是妈妈的大喊大叫。在生活中，我们每个人都需要自由，我们的孩子也是，他们更希望自己可以无拘无束地成长，如果我们束缚住孩子的手脚，不许孩子做这个，做那个，对孩子大包大揽，会让孩子感到窒息，他的一些优良的个性品质也会被压抑。而随着孩子慢慢长大，他们的自主意识也越来越明显，对于无法呼吸的成长环境，他们一定会反抗，亲子关系势必会变得紧张起来。所以，教育孩子，我们一定不要大喊大叫。

任何一个孩子，都希望得到父母的认可和尊重，希望父母承认自己已经长大，能够处理一些自己的事情，需要更多的空间，而更多时候，家长仍把他们当成未成年人，所以对他们仍十分专制，希望事事替孩子拿主意，孩子只要不听话，就大喊大叫，这样的家庭环境下教育出来的孩子，要么极度叛逆，对长辈产生敌视心态，要么性格懦弱，缺乏主见。但无论是哪一种结果，都不是我们父母想要看到的结果。

避免大喊大叫，我们父母要做到以下几点：

1.凡事只说一次

生活中，我们听到不少孩子说："其实我也想和爸爸妈妈谈谈心，但是每次还没开口，他们就开始啰唆了，而且只要我有一点做得不好的地方，他们就不停地数落我。其实，我已经知道错了，但他们的口吻真让我受不了。"很多父母没有意识到，你的孩子已经不是小时候的那个他了，他已经长大了，开始有了独立的自我意识，也学会了如何审视自己的行为，他们也懂得是非对错，因此，孩子错了，你只需要说一次就好，这也是尊重孩子的表现，只有让孩子体会到家长对自己的尊重，他才能更加信任家长，才能和家长以心换心。

2.来"软"的，避免正面冲突

可能你的孩子做得不对，但作为家长，不要急于批评他，更不可棍棒相加，而应该来点"软"的。例如，在倾听之后，对他表示你的理解，在孩子接纳你、信任你之后，你再以柔和坚定的态度和孩子商讨解决的办法，从而激励他反省自己，帮助他从错误中学习成长。

3.孩子做了坏事，决不能打骂

孩子做了些"坏事"，并不代表孩子就是真的"坏孩子"，更不能给孩子贴标签，但是也决不能放任不管。

为此，我们在确信自己的孩子做了一些"坏事"之后，首先要帮助孩子将事情的影响降到最低。有的父母认为"打骂"才是改正不良行为的最好对策。其实错了，打骂会疏远父母与孩子之间的关系，他会感到孤独，得不到家庭的温暖，不敢回家，他就会流浪在外，可能与社会上的浪子交往，被他们所利用，最后误入歧途，甚至会触犯法律。

但现实生活中，这样的家长又有多少呢？随着现代社会生活步伐的加速、竞争压力的加大，作为父母，为了能给孩子一个优越的生活环境，常常由于工作忙碌，而忽视了与孩子的沟通，没有陪孩子一起成长。而当孩子稍微出现一些"异常"行为，他们就会采取训斥、打骂的方式，希望孩子能好好接受自己的管教，而实际情况常常是事与愿违。

4.把焦点放在"解决"上

作为大人，很多时候，会认为孩子的想法是不对的，甚至是不符合常规的，抱着这样的心态，我们很容易以先入为主的心态教育孩子。实际上，我们必须要明白一点，出现了问题，最重要的是解决问题而不是批评孩子，我们应该做的是，等孩子把话说完，再提出解决的办法，这才会让孩子感觉到被尊重。

我们的孩子从襁褓时期对父母完全的依赖，到发展自我意识、建立自信、试验探索，最终长大成一个独立的成人，这个过程都需要我们父母正确的教养。作为父母，我们要想预防孩子出现叛逆行为，就绝不可对孩子大喊大叫，凡事多问孩子的意见，这样不仅能拉近我们和孩子之间的关系，让孩子对我们敞开心扉，还能让孩子感觉到被尊重，学会独立思考。

你有太多代替大喊大叫的教育方法

前面，我们已经分析过，在任何家庭内，要想教育出不叛逆的孩子，都要先检测自己的心态，看看自己是否对孩子大喊大叫，如果大喊大叫，就要用温和的方法进行代替，一开始，也许孩子会嗤之以鼻，不要指望马上就产生效果。但请确信，你的改变是非常值得的。大多数家长在实施行动10天后，就看到了孩子叛逆行为减少的可喜变化。而你的态度当然是支持孩子而不是反对他。为此，我们可以运用一些方法代替大喊大叫。

1.避免当众批评孩子，主动倾听孩子的想法

当冲突发生时，立即批评只会激化矛盾，此时，我们最好将孩子从问题中拉出来。例如，我们可以向孩子进行简单的提问："能跟我说说你为什么看起来如此焦躁不安吗？"这种提问能让我们避免大喊大叫地教训孩子。

2.理解你的孩子，同时让自己平静下来

在事情发生时，我们家长首先要反省和分析自己的行为，而且要弄清楚到底希望孩子怎样做。

另外，你要了解你的孩子正在经历什么。例如，孩子不愿意去上学，那么，很有可能是孩子在学校受到了欺负和冷落，或者是不喜欢某门课的老师等，但无论如何，你都要保持情绪的稳定，这样，你就能避免在冲动下对孩子

大喊大叫。

3.自我反思，看看问题到底出在哪里

如果仅仅是因为孩子在生日时对你送的礼物不喜欢或视而不见，你就大喊大叫，他并不会理解是由于自己的行为让你有这样的反应。所以，我们要让孩子明白我们的想法，而不是让他猜测。

4.一旦识别出愤怒的信号就要进行控制

人都是情感动物，看到孩子的一些错误行为，我们难免会生气，但并不意味着愤怒时就要大喊大叫。当你实在想发火时，你可以在心里大声地说："我现在真的是非常生气，不过我还是先平静下自己的情绪吧。"这样做的主要目的是让你在交流前把自己沉重的情绪包袱先放下来。

5.运用幽默法代替

开玩笑地对不爱打扫自己房间的孩子说："要是我们家会有人送来100万元的话，恐怕只会在我家的孩子学会打扫自己的房间之后才有可能发生喽。"以此替代日常的大喊大叫。

6.用温柔代替大喊大叫

孩子毕竟是孩子，他们更希望父母在与自己沟通时能低声细语，尤其是在公共场合，我们更要注意。

平静地走向你的孩子，首先引起他的注意。一直盯着孩子的眼睛，在你说话前停顿一会儿（如有需要，就蹲下来）。如果你认为不会在身体上威胁到孩子，轻轻地把手放在孩子的肩膀上，简明扼要地轻声说出你的要求，语气要坚决，然后离开。

7.无论如何不要羞辱或谩骂你的孩子

尊重换来尊重，侮辱换来侮辱。

8.说教也要适可而止

对孩子进行没完没了的教条式说教并不能让他们真正意识到自己的错误，只会让他们越来越厌烦。

9.冷静下来

你可以告诉自己"让我想一想"。叛逆的孩子会试图用一个可笑的要求来打破你的平衡状态。请放慢自己的节奏。

10.进行自我谈话

告诫自己："我有想要大喊大叫的感觉，这只不过是一种冲动。我能够控制住的。"

11.记录下你每次想大喊大叫的片刻

把你每次想要大喊大叫的冲动都用书面的形式记录下来。在以后的一些日子里坚持记录，算出自己控制住自己的情绪百分比。回顾自己的每一点进步。记得奖励自己。

12.给出最简单有效的指令

针对不同年龄采取相应要求。例如，孩子到了小学年龄，你就要帮助他养成按规定完成任务的习惯，确保孩子能够独立完成你布置的任务。

13.提前计划，减少孩子对抗的可能

父母需要知道哪些问题重要，和孩子讨论这些问题及你的期望，并指出可能的后果。提前计划会帮助你明智地迎接孩子带来的挑战。

14.问题发生时就处理

遇到问题不拖延，准备好使用备选方法，及时冷静处理。

总的来说，作为父母，我们有太多代替大喊大叫的教育方法，只要我们控制自己的情绪，就能避免引起孩子的对抗。

掌控你的情绪,别因一点小事就大喊大叫

在教育孩子这一问题上,我们常说:"言传身教。"这句话强调家长的表率作用,这在处理情绪这一问题上也是如此。我们都希望孩子不要叛逆,要听话,却控制不住自己的情绪,一有问题就大喊大叫,这样又怎么能指望孩子接纳我们的意见、理智处理问题呢?

心理学专家指出,不少父母在处理情绪问题时经常呈现"双重标准",意思是父母在表达情绪的方式上非常粗暴,但是却要求孩子做好情绪管控,而导致孩子对于父母的管教失去信心。父母是孩子最亲近的人,父母自身的情绪调控能力如何,对孩子的情绪管控起着至关重要的作用,也就是说,父母情绪化会对孩子造成超乎想象的危害。

陈女士是一家民营企业的领导,手下管着几十个人,所以,工作很繁忙,免不了发脾气,而她也经常将工作中的坏情绪带回家。

这天,她回家看见丈夫居然在看报纸,没有做饭,就有点不高兴了:"蕾蕾一会儿回来饿了怎么办?你怎么不做饭?"

"我怕我做了饭,又不合你们母女俩的意,那不找骂吗?"丈夫一脸委屈的样子。

陈女士一听更生气了："你别总是为自己的懒惰找借口，我一天那么忙，你怎么就不能为我想想。"

夫妻俩吵了一会儿，蕾蕾就回来了。

"爸妈，我饿了，怎么还不做饭？"蕾蕾看见爸妈没做饭，还在吵架，就不高兴了，一把把门摔上，回屋看书去了。

"这孩子怎么了，现在怎么脾气这么坏了？以前可不是这样，我去跟她评评理，这是什么态度？"陈女士很是生气，正想冲进女儿的卧室，教育女儿一下，被丈夫一把拉住。

"其实都是我们俩的问题，我们情绪不稳定，孩子在这样的环境下生活，怎么能做到心平气和……"陈女士觉得是这么个理儿，火也就消了。

生活中，我们常常评价一个人情绪化，指的就是喜怒无常，刚才还和风细雨，这会儿就雷电交加。如果父母是情绪化的人，那么，在父母的影响下，孩子也会缺乏安全感，长期处于这种压抑环境下的孩子会变得胆小懦弱、自卑内向，也很有可能和父母一样喜怒无常，甚至行为叛逆、对抗父母。

根据美国华盛顿大学心理学教授约翰·高特曼的追踪调查发现，父母扮演"情绪教练"的孩子，比较有能力处理自己的情绪，挫折忍受度高，社交能力和学业表现也比较突出。提高孩子的情绪调控能力，已成了现代父母的必修课。

为此，父母最好这样言传身教，提升孩子的情绪管理能力：

1.向孩子表述你的情绪

通过亲子之间的对话让孩子正确认识各种情绪，说出自己心里真实的感受。只有知所想，才能知何解。平时，父母可以在自己或他人有情绪的时候，通过"妈妈好高兴哦""嗯，我很伤心"等让孩子知道原来人是有那么多情绪的，还可以通过句式"妈妈很生气，因为……""我感到有点难过，是因为……"来告诉孩子自己的情绪来源，同时也可以问孩子，"你是什么感觉啊？""妈妈发现你很生气，很难过，能告诉我发生了什么事吗？"等对话来引导孩子表达自己的情绪及发现自己情绪的产生原因，有利于提高孩子的情绪敏感度。

2.向孩子坦诚地表达你的感受

当你坦诚地说"妈妈明天要上台报告，觉得很紧张"时，孩子就会学会"有情绪是人之常情"；当你遇到挫折，对自己说"没关系，只要我冷静下来想清楚，一定有办法克服"，孩子了解到"自我对话的重要性"；当孩子手中的气球不慎飘走了，你高兴地大喊："你看，气球妈妈在呼唤它了，赶快和气球说再见！"原本悲伤的孩子就会发现"转换情绪带来的奇妙的感受"。

3.在孩子面前展现自己处理坏情绪的方法

在孩子成长过程中，我们的孩子会通过观察、模仿，不断吸收父母应对情绪的方法，如果父母在处理问题时表现出温和、理智的态度，孩子也会如此，而不是出现叛逆行为，因此，父母在孩子面前适当表现你的情绪也很重要。偶尔和孩子分享自己如何从错误中学习的往事，也有助于拉近亲子之间的距离。

当然，这是一个循序渐进的过程，在父母正确引导下的孩子，往往情商比较高，人际关系更好。因此，作为父母，我们要做到言传身教，先学会控制自己的情绪，避免大喊大叫，才能给孩子做好榜样。

第 05 章
建立信任，用心交流才能强化亲子关系

不少父母感叹，孩子越长大就越不愿意向自己倾诉，甚至开始对父母的教育产生质疑。而其实，他们是渴望倾诉的，但出于父母错误的沟通方式，他们无法与父母建立信任。这需要我们家长进行反思。作为父母，我们教育孩子，除了要给孩子一个好的成长环境外，还要找到与孩子的沟通方法，要体贴和帮助孩子，只有这样，才能让孩子对你敞开心扉。

闲话家常，在轻松的氛围中进行亲子互动

生活中，不少父母发现，孩子好像总是故意和自己作对，总和自己唱反调。很多父母感叹："我让他往东，他就是往西。""我说的话，他就没有听过。"这可能是因为你的孩子已经有了一些逆反情绪，而其主要原因在于父母。孩子毕竟是孩子，他们的情绪掌控能力欠佳，情商也需要提高，作为父母，我们应该主动寻找最佳的沟通方法。

教育心理学家认为，与孩子闲谈式的情感交流，有利于营造轻松的沟通氛围，如果我们不注意与他们沟通的方式，就很容易造成亲子间的沟通障碍，甚至产生矛盾。

周末这天，刘女士敲开了儿子房间的门，把晾干的衣服放进儿子的衣柜里，然后帮他稍微收拾了下房间，边收拾边对儿子说："儿子，妈妈想跟你谈谈可以吗？"

儿子："什么事？"

妈妈："妈妈知道你最近交了几个朋友，他们对你也很好，但是他们毕竟是社会青年，不像你那么单纯，妈妈不阻止你跟他们来往，但妈妈希望你能多留点心，保护好自己。"

儿子："嗯，谢谢妈妈提醒，我明白，我会跟他们保持距离的。"

这里，刘女士与儿子的沟通是很随意的，孩子也很容易接受。假如刘女士劈头盖脸直接问儿子是不是在与社会上的不良青年来往，恐怕会招致孩子的厌烦情绪。

我们强调闲谈式，即父母尽可能创造或利用与孩子相处的机会，不失时机地与孩子进行闲谈，将实质上的有意淡化成形式上的随意。可以谈些孩子感兴趣的事情，拉近彼此间距离，并适时地抓住孩子谈话中某些可以"抒发情感"的内容，真诚地道出自己的心理感受，显得自然得体，给孩子创造一个了解自己情感世界的机会，让孩子由此而生发出对父母的亲近感和朋友式的信任感，而建立在这种关系下的说服教育也易于被孩子接受，作为回报，他也会在日常活动中表示出理解、合作的态度。

为此，父母需要鼓励你的孩子，让孩子有自己的思维方式。

你不妨告诉孩子这样一个故事：

一位幼儿教育专家在国外看到一个幼儿用蓝色笔画了一个"大苹果"，老师走过来说："嗯，画得好！"孩子高兴极了。这时中国专家问老师："他用蓝色画苹果，你怎么不纠正？"那个老师说："我为什么要纠正呢？也许他以后真的能培育出蓝色的苹果呢！"

其实国外老师这样容忍孩子"不听话"是有道理的，这样可以保护孩子的想象力，激发孩子的创造力。

同样，我们的孩子也有自己独特的思维，如果用成人的思维强加干涉，那么孩子的想象力和创造力就会被扼杀。

再忙，也要留出时间关心你的孩子

现代家庭，代际沟通似乎越来越困难，很多父母感叹："现在的孩子真是很不像话，小时候还好，但是大点儿之后，自己的主意一下子多了起来，好好地同他讲道理，他却不以为然，道理比你还多，有时还把我们父母的话看成是没有意义的唠叨，总之一个字——烦！他嫌我们烦，我们因他的烦而烦，一天话也说不上几句了。"

问题出在哪里？是孩子的问题，还是父母的问题，还是沟通方法的问题？也许孩子不是一点问题没有，但更多的问题可能出在父母身上。作为父母，你反思过没有，你是否曾与孩子倾心长谈呢？在孩子还在襁褓中的时候，你一般会用故事、音乐、聊天来哄孩子入睡，等他长大了，你是否还愿意抽出时间与孩子交流呢？如果在孩子入睡前我们能一起坐下来清理一天的情绪"垃圾"，不让烦恼过夜，这是不是一种积极的生活态度呢？有一位教育家说过："父母教育孩子的最基本的形式，就是与孩子谈话。我深信世界上好的教育，是孩子在和父母的谈话中不知不觉地获得的。"然而，一些父母说，我实在是太忙了，没有时间呀。但对于父母来说，我们需要记住，再忙也不能忽视对孩子的关心。

第05章
建立信任，用心交流才能强化亲子关系

媛媛是个可爱的女孩，现在的她已经4岁多了。谁初次见到她，都会忍不住和她多说几句话。但接下来，媛媛就会表现出很黏人的样子，甚至想一整天跟别人在一起。于是，很少有小伙伴和同学愿意和她玩。

其实，媛媛很可怜，由于父母工作忙，她刚出生，父母就把她交给了保姆带，而这个保姆除了定时给媛媛做饭外，也不怎么和媛媛说话。这导致媛媛养成了黏人的性格，她渴望被人关心，渴望和人说话。

从心理学的角度来分析，媛媛会养成过度依赖的性格，是和父母对她的教育有极大关系的，她的父母因为太忙没有给她足够的爱，正是因为对爱的渴望让她逐渐养成了这种性格。

我们不得不承认，孩子在成长的过程中，总是会遇到这样那样的问题，这需要身为父母的我们对孩子进行正确的引导，呵护孩子脆弱的心灵。不难发现，一些父母，因为忙碌的工作而忽视了与孩子的沟通，他们认为，教育孩子，只要让他们努力学习即可。实际上，学习知识只是对孩子教育的一个方面而已，家庭教育的一个重要职责是让孩子拥有健康的心理素质和独立完善的人格，否则，孩子永远无法独立于世。

所以，作为父母，我们要时刻观察孩子的行为动态和心理变化，关注他们的身心健康，让孩子感受到来自父母的爱，一旦发现他们出现了心理问题，就要及时做好引路人，帮孩子疏导心理问题，以防问题积压，酿成大错。

作为父母，要这样做：

1.为孩子营造和谐的家庭氛围，让孩子愿意与父母沟通

家庭成员之间相亲相爱、关系和谐，这是解决孩子所有问题的前提，事实上，在这样的环境下长大的孩子出现心理问题的概率很小。对此，专家建

议，家长应为孩子提供一个安定、和谐、温馨的家庭氛围，要让孩子纷乱的心安定下来，这样孩子才会愿意与父母沟通，也才愿意敞开心扉接受来自父母的帮助。

2.随时观察孩子的情绪和心理变化

我们父母，在生活中，一定要关心孩子的情绪变化，如孩子在学校有没有受到什么委屈，学习上是不是有挫败感，最近跟哪些人打交道等。当然，了解这些问题，我们要通过正面与孩子沟通的方式，不要命令孩子告知，也不可窥探，只有让孩子真正感受到来自父母的关心，他才愿意向你倾诉。

事实上，孩子的内心都是脆弱的、敏感的、容易受伤的，当孩子出现不良情绪时，你要让孩子尽情宣泄，就让他去哭个涕泪滂沱，而不是说"别哭，别哭""男孩子不能哭"这样的话。告诉孩子："我知道你很难过。"或者什么都别说，给孩子独处的空间和时间去消化自己的情绪，帮孩子轻轻带上门就好。

总之，作为父母要明白，家庭教育对孩子极为重要，我们即使再忙，也要重视与孩子沟通，而在平时也要注意观察孩子的情绪和心理情况。如果发现孩子出现情绪或心理问题时，首先要做的就是从自己的角度去找原因，然后与孩子进行沟通，帮助孩子找到适合他的方法，科学地教育和引导孩子。

表达对孩子的信任，孩子才愿意信任你

有人说，当父母其实是一连串自我修炼的过程，尤其是要学着与孩子沟通。教育孩子同样也是如此，我们要学着欣赏孩子看似"脱轨"的行为，重视他的意见和情绪，更重要的是，当你面对孩子时，你还必须时时刻刻自我反省，看看自己是否在父母角色上扮演得恰如其分。在这些修炼中，对他的信任是最基本的，信任是亲子间沟通的基础，相信你的孩子，就是相信你自己，这是对孩子也是对作为家长的你的肯定，倘若没有人对孩子的能力表现出最初的信任，认为他值得得到爱、支持和关注，那么任何孩子都不可能相信自己。

曾有一位家长感慨地说："我无法和女儿交流沟通，我们的距离越来越远，我想我把女儿弄'丢'了。8月中旬，我与即将上三年级的女儿发生了一场激烈的争吵。事发的原因是孩子在我下班一进门就提出要去参加学校的朗诵比赛，一等奖的奖品是一个学习机。我不假思索地一口否决了，'不去，妈妈给你买'。当时，没解释，没商量，也没了解女儿的心理。结果，我话音一落地，她的眼泪就刷刷地往下流。看到她这样，我就更生气了！'你认为你能行吗？'就这样，她一句，我一句，各说各的理，嗓门越说越大，声音越来越高。一气之下，'我不管了，让你爸爸管吧！'我拿起车钥匙就往外走，

女儿也扯着嗓门给我一句：'你不相信我就是不相信你自己！'"

这个孩子的话不无道理，孩子是父母一手教出来的，对孩子能力的否定同样是对自己的教育能力的否定。只有相信自己的孩子，给他尝试的机会，才能让孩子有历练的机会，他才会成长得更快。

成长是一个美妙但却艰辛的过程。孩子如此，父母何尝不是如此呢？跌跌撞撞成长的孩子，要面对很多挫折，要经受很多诱惑，正如这位妈妈一样，父母要想不"丢失"自己的孩子，光靠管束和告诫是行不通的。要了解孩子的思想，就必须和孩子之间建立起互相联系的"精神脐带"——沟通，不断地给孩子输送父母爱的养分。

父母要信任自己的孩子，就应该明确以下三点内容：

1. 相信孩子的能力

相信他决断事情的能力、完成任务的能力、照顾自己的能力，以及当他足够大时负责任的能力。

其实，信任孩子，就是要平等地对待孩子，尊重孩子的选择，并相信你的孩子能做好自己想做的事情。

丹丹数学成绩一直不好，妈妈也觉得女孩子要把数学学好很难，所以，最近她把女儿的学习交给丈夫管了，但奇怪的是，不到一个月，丹丹的数学成绩突飞猛进，妈妈很奇怪，就问丈夫是怎么回事，丈夫说："其实，我什么都没做，也什么都没帮她。我只是让她对自己有信心，让她明白她可以做到一题不错。她做作业，我坐在旁边看着，如此而已。老婆，你应该对我们的孩子有信心。"爸爸的一席话让妈妈明白，相信孩子，孩子就有自信做好。

孩子还小，身体娇弱，但不是无能，作为家长，我们不能给孩子贴上弱者的标签，相信孩子，就要相信他能出色完成各种任务。丹丹就是这样证明了自己的能力。这给我们家长一个启示，我们的孩子具有各种各样的潜力，这些潜质，只要家长合理开发，就能有无穷的能量。

2.以他确信的方式向他表明你爱他

有时，孩子犯了错误或做出了一些令父母不满意的行为，父母会责备孩子，这样会让孩子误以为父母收回了对自己的爱，尽管父母依然疼爱他们，但严厉的表达会遭到误解。所以父母需要以孩子能懂的方式来表达爱意。

3.父母要给孩子足够的爱

注意不要有如下的想法："我以前没有得到过或不需要他人帮助，他也一样。"孩子与你是不同的。而且，没有得到他人帮助的人常常将之说成"不需要他人帮助"，以掩饰自己的失望。这就告诉父母，相信孩子，并不是对其放任自流，而应该给孩子足够的爱。

要做到以上这三点，父母就必须从爱的基点出发，发现、发掘、抓住、肯定孩子的每一个优点和每一点进步；相信他的表现形式和落脚点就是对他赞许、鼓励、夸奖、表扬……相信你的孩子，才是真正地爱他，孩子才会愿意对你敞开心扉！

聊聊自己的经历，让孩子也了解你

生活中，为人父母，我们都希望孩子能健康快乐地成长，然而，成长就意味着要经历烦恼。我们父母作为孩子人生路上的引路人，有责任帮助孩子排解烦恼，对此，大部分家长采取的是说教的方式，告诉孩子应该怎么做，然而效果不佳。正确的方式是告诉孩子你曾经是怎么做的，让孩子直接看到效果，孩子自然就豁然开朗了。最重要的是，在这一亲子互动的过程中，我们与孩子之间的信任感建立了，这对开展家庭教育大有裨益。

一天傍晚，妈妈在厨房做饭，儿子从学校回来了，一声不吭地进了自己的房间。

妈妈看到后，觉得不对劲，就放下手中的活儿，敲了房门进去。

"妈，你能不能想想办法让我转学。"看到妈妈，儿子这样说，语气中还夹杂着愤怒。

"怎么了？为什么好好的想转学呢？"妈妈询问。

"没什么，就是不想在这个学校上学了。"儿子还是不肯说。

"我的好儿子，妈妈知道你肯定遇到了让你不开心的事，其实妈妈像你这么大的时候也有很多烦恼，尤其是在学校，如果你相信我的话，可以告诉我，也许我能帮你出出主意呢。"

"好吧，我发现我们班老师真的太偏心了，昨天我不是和王凯一起做值日吗？明明是我们一起干活的，老师说地没扫干净，但就只点名说我，却不说王凯。就因为他成绩好，我成绩差吗？想想就来气，怎么能这样？"儿子一边说一边掉眼泪。

"竟然有这样的事，你受委屈了，怪不得你说要转学，如果换成我，估计我也会很难受，但是你知道吗，儿子，转学了，这种事也未必不会发生，最好的方法你知道是什么吗？"

"不知道，我要怎么做？"

"就是用成绩来证明自己，证明学习成绩差，一样有潜能，证明只要努力，就是好学生。"

"是啊，以前我也觉得成绩差没什么，现在才发现，就连老师都不愿意相信我，看样子我是该努力了。"

"对呀，其实妈妈在初中二年级之前成绩也很不好，然后我们班那些成绩好的女生都不跟我玩，好像瞧不起我，后来我就努力学习，最后赶超了她们，让她们对我刮目相看。"

"嗯，我知道怎么做了，妈妈。"

案例中，这位母亲的引导方法值得我们学习，当孩子遇到不平事，她并没有一味地指责孩子不懂事，也没有说老师不对，而是通过讲述自己的经历，告诉孩子应该怎么做——把精力转移到学习上。

面对这种情况，可能很多父母会这样说教——"动不动就转学，肯定是你的问题""不要放弃，坚持下来""真是没用，遇到一点困难就退缩"等。

无疑，对于成长中的孩子，这些说教可能会起到反作用，甚至他们会拒绝与父母沟通，如果我们能站在孩子的角度，并且讲述自己的经历，让孩子明白父母当年是怎么做的，那么，他们就能找到解决问题的方式。

的确，为人父母者，和现在的孩子一样，经历过很多成长中的烦恼和疑惑，人生经验不足、社会阅历尚浅、情感细腻的他们更希望得到作为过来人的父母的指导，但渴望独立的他们，并不愿意主动请教父母，因为这等于在向父母宣告他们依然不成熟，依然依赖父母。当然，他们更不希望父母以教训的口吻或者说教的方式传授经验。此时，作为父母的我们，一定要选择一个温和的方式帮助孩子，比如，向孩子诉说自己的经历，告诉孩子自己曾经是怎么做的，不仅会让孩子接收到一个正确处理问题的信号，而且能拉近你与孩子之间的距离，有利于亲子关系的维护！

那么，面对孩子遇到的某些困惑，具体来说，我们该如何疏导呢？

1.父母要调整心态，无论孩子遇到什么事，都要先冷静下来

孩子毕竟是孩子，是冲动的，很可能做了一些错事，或者暴躁易怒，但不管孩子如何，我们都不能对孩子发脾气，因为他们是无助的，需要我们家长的帮助，如果你大发雷霆，孩子还怎么与你沟通？因此，无论遇到什么，我们都要先冷静下来，做到心平气和，然后稳定孩子的情绪，再告诉孩子自己曾经是怎么做的。

2.闲暇时，多以自己的经历入题，与孩子畅怀沟通

现实生活中，为什么我们的孩子不愿与我们沟通？这固然与孩子有关，但却也与我们家长自身有很大的关系——我们放不下家长架子、说话太过严肃等，我们还可以发现，那些与孩子相处融洽的父母，都有杀手锏，那就是有亲和力，说话温和，甚至偶尔会拿自己开玩笑等。

为此，我们也不妨借鉴一下前面妈妈的做法，多主动与孩子接触，可以向孩子阐述自己在日常生活中遇到的事，如一些无伤大雅的糗事、某些光荣事迹、闹过的笑话、学生时代情感经历等。当然，我们还要注意，如果你的孩子觉得你的经历很无趣，就要及时转移话题，以免造成尴尬。

允许孩子有自己的想法，不要强制孩子听话

每个父母都希望自己的孩子听话、乖巧，但孩子并不是父母的私有财产。如果希望孩子样样服从自己的安排，结果将会适得其反。我们在学习家庭教育理论知识的同时，还要善于总结，让自己的观念与时俱进，并灵活地运用到实践中去，才会有更好的效果。

冬冬今年5岁，活泼好动，妈妈经常说孩子很不好管。

周末这天，妈妈好不容易放假想带冬冬去逛街，可是，妈妈和冬冬走在街角的时候，突然发现孩子不见了。妈妈往回走了几步，发现孩子竟然和路边的流浪狗玩了起来，他还将自己手上的零食递给小狗。

"宝宝，你在干什么？"妈妈问。

"妈妈，我在喂小狗啊。"

"喂什么小狗，我不是告诉过你吗，不要碰野猫野狗，脏死了。"说完，妈妈就拽起冬冬离开了，冬冬一脸愕然地望着妈妈。

这里很明显，冬冬妈妈的做法是不对的，孩子喂流浪狗，是爱心的表现，孩子的善举应该得到鼓励，而不是禁止。如果我们家长忽略了这一点，而

把这当成不听话、犯错误的行为，就更是大错特错了。

所以说，我们教育孩子，尤其是在与孩子沟通时，不能强迫孩子听话。具体来说，我们父母可以这样引导：

1.理解孩子的行为

在中国传统的教育理念中，认为孩子好静更好，甚至总是约束孩子的一些行为。但其实，孩子是需要自由空间的，需要有广阔的天地来让他们成长，因此，对于孩子那些活泼好动的行为，我们不必强加干涉，只需要保护他的安全。要知道，孩子在奔跑、跳跃、攀爬这些活动中，更易获得健康的身体，也更易活跃大脑。

2.别独裁，让孩子学会自己拿主意

我国传统家庭教育中十分注意培养孩子"听话""顺从"，却不注意培养孩子学会自己拿主意。小到生活上的事，大到孩子的发展方向，一概由父母决定，孩子缺少自己做决定的机会，这就不能培养他们的抉择能力。

我国著名的教育家陈鹤琴先生说过："凡是孩子自己能够想的，应当让他自己想。"遵循这样的原则教育孩子，就能培养其独立思考、自己做决定的能力。

因此，孩子自己的事情，最好还是让孩子自己决定，因为孩子有权去为自己的事情拿主意。很多父母因为自己的原因，或多或少会为孩子拿主意，有时候甚至不问孩子的意见。父母的独断独行，让孩子失去了自主选择的权利，这样对于孩子的未来是非常不好的。孩子不会自己拿主意，将来自然也不会去选择属于自己的路。

3.沟通时考虑孩子的感受，尽量避免与孩子发生冲突

既然是沟通，肯定会有意见分歧的时候，尤其是与叛逆的孩子交流，他

们容易冲动，稍有不慎，便会导致孩子产生逆反心理，引发抵触情绪并有碍沟通交流。所以，与孩子沟通，一定要注意考虑到他的感受，尽量避免冲突，如果发生了冲突，也要让自己冷静下来，采取适当方式主动停止争辩，待双方冷静后，再来开导孩子效果会更好。

第 06 章
规定行为边界，家庭教育需要用规矩代替打骂

爱孩子是父母的天性，在家庭教育中我们对孩子的这份爱不仅要饱含温暖与宽容，也要松紧有度，我们要为孩子在"可以"和"不可以"之间划一条清楚的界限，也就是说我们需要为孩子制订规矩，"没有规矩，不成方圆"。培养孩子的规则意识，是我们的责任，为此，我们要从小为孩子制订各种行为准则，如按时吃饭、睡觉、做作业等。这样，才能帮助孩子提升自我约束力，养成良好的行为习惯，从而受益一生。

让孩子从小就必须遵守的几条规矩

对于一些年幼的孩子,在教育过程中,我们与他们讲很多道理,他们并非全部都能听懂,犯错时我们讲的道理再多,他们也不一定明白。只有让他知道,他那样做是会受到惩罚的,他才能记住,这就需要我们立规矩。以下是孩子从小就必须遵守的几条规矩:

1.不能言语粗鄙

生活中,我们发现,有一类孩子,他们总是出口成"脏",语言粗鄙。"良言一句三冬暖,恶语伤人六月寒。"如果孩子养成了这种坏习惯,有时一句无心的口头禅,就可能会给他今后的学习和工作带来严重的影响。

还有一类孩子,喜欢使用暴力手段,强迫别人服从自己的意志;用语言对他人进行攻击、胁迫,以此来实现自己的愿望。这样的做法是绝对不可取的!

如果孩子出现了粗俗的言行,父母应该怎么做呢?

首先,要帮助孩子明辨是非,明确告诉他:"以后不能这样做了,这是粗野的行为,是要挨批评的!"然后家长引导孩子,让孩子自己反省,想出更好的办法来处理这样的事情。

这样的规矩能帮助孩子调整自己的情绪,学会如何用正确的方式得到自己想要的东西。在这个过程中，孩子会不断地调整对事物的看法和自己的心态。等他长大后，他也会用这套模式去对待周围的人，他会变得更加理性，更能为他人着想。

2.不可随意发脾气

生活中，一些孩子，被长辈娇惯，稍微遇到不顺心的事，就大发脾气，他们认为这样能获得关注，能使他人满足自己的要求。还有一些孩子，总是以自我为中心，不懂得长幼有序的道理，动不动就对长辈颐指气使，顶撞长辈，这两种行为，我们都要定下规矩，要求孩子改正。

3.不可随意侵占他人财物

6岁前的孩子自我意识才刚刚萌芽，往往很难分清自己和他人，更不懂得分辨什么东西是自己的，什么东西是别人的。所以只要是孩子喜欢的东西，他就会毫不犹豫地伸手去拿，觉得"拿在我手上就是我的了！"

对此，家长应该有意识地帮助孩子建立自我意识，可以拿着大人的衣服和孩子的衣服告诉他："这一件是你的，这一件是爸爸的，这个是妈妈的。"

帮助他建立自己与他人的界限，等孩子已经能清楚地分清自己和他人的区别的时候，父母也要刻意地多给孩子提问："这是你的吗？"让他独立地进行判断，并给他立下规矩。

这样的规矩，可以帮助孩子更好地区分"你的""我的"，知道什么东西是自己的，什么东西是别人的，别人的东西不能拿，而我的东西可以归我支配。这种物权概念的区分，是形成良好道德的基础，他长大后才更懂得尊重他人。

4.勇于认错和道歉，并且有权利要求他人道歉

父母疼爱孩子，总觉得"孩子还小"，得处处让着他，就算孩子犯错不道歉，父母也会一心软就原谅他。这样的处理方法，会让孩子觉得"做错事

也没什么大不了的，反正父母都会原谅我"，孩子没有了约束，难免会为所欲为，甚至会犯更多更严重的错误。

家长要让孩子从小就知道，做错了事要道歉，这样才是懂礼貌的好孩子。在孩子犯错的时候，除了教育他之外，可以要求孩子对自己说一声对不起，如果是父母错怪了孩子，也要向他道歉，给孩子树立一个好榜样，跟孩子一起遵守规矩。

这样的规矩能让孩子学会礼貌待人，诚实地面对自己所犯的错误，并且有勇气主动承认错误。在这个过程中，孩子也会学会反省自己，会开始懂得维护自己的权利。

5.不可以随意打扰别人

当孩子遇到好的事情，如受到老师表扬了、交到一位新朋友等，总会很兴奋地想要告诉父母，无论父母在做什么事情他们都毫不犹豫地打断。

现在许多父母都是"孩子第一"，所以常常允许孩子在任何时候打断自己讲话，而且会高兴地回应孩子，这样的态度容易让孩子养成不顾一切打扰别人的习惯，孩子长大以后可能会成为一个以自我为中心的人，因此很难在集体中生活。

如果发现孩子有这样的坏习惯，父母要在平时生活中有意识地帮他改正，告诉他："随便打扰别人是很不礼貌的，你想想，如果你在睡觉，小朋友老是过来跟你说话，你会高兴吗？"

用心平气和的语气引导，让孩子学会换位思考，让他知道被别人打扰是一件很不开心的事情，然后给他立下规矩。

这样的规矩能让孩子学会尊重他人，让他懂得当别人在忙的时候不应该去打扰，而且能让孩子在这个过程中学会换位思考，变得更加善解人意，也更容易交到更多的好朋友。

当然，在立规矩的时候，父母要以身作则，要求孩子做到的自己先做到，给孩子树立榜样。如果孩子做不到，该惩罚就得惩罚，惩罚之前要告诉他哪里做错了，一定要让他自己重复一遍什么地方做错了，这样才能让他牢牢记住。

孩子没规矩，源于父母的溺爱

在家庭教育中，我们强调，要减轻孩子的叛逆心，就不可过度压制孩子，就要给孩子自由，然而，一些父母似乎没把握好这个度，他们认为爱孩子就要给孩子绝对的自由，就要给他们最好的东西，所以一味地纵容，觉得"只要他喜欢就好""孩子高兴才是最重要的""这些规矩孩子长大了自然就懂"……然而，无规矩不成方圆，我们的孩子在小的时候，并没有明确的是非对错和规矩意识，这需要我们制订规矩来对孩子进行约束和提醒，如果我们放任孩子，就会导致他们为所欲为，一个没有自制力与约束力的孩子，怎么能谈成人和成才呢？

与放任孩子形成鲜明对比的是一些父母对孩子管得过严，他们认为慈母多败儿、棍棒之下出人才，所以采取严格管制的教育方式，其实，这种教育方式下教出来的孩子要么唯唯诺诺、胆小怕事，要么极度叛逆、难以管教。

父母爱孩子，要爱在心里，而不是表现在物质生活上，爱孩子，该狠还是要狠一点。要舍得让孩子吃点苦头，不要对孩子的要求全部给予满足。一味地溺爱，以孩子为中心，是不利于孩子的身心健康的，对他们的成长也是不利的。因为溺爱孩子导致的悲剧，始终让人触目惊心。

第06章
规定行为边界，家庭教育需要用规矩代替打骂

在一座小城市里，有一对年过四十的中年夫妇。他们中年得子，对于这两人来说，可谓是喜从天降，于是对儿子是百般疼爱，从来都是什么都依着儿子，他要什么就给什么。儿子是个较内向的男孩，平时不爱和人交往，学习成绩平平，但这并不影响父母对他的爱。

儿子高中毕业以后，没有考上大学，父母就求人把他安排到一所贵族学校读书，从来没有离开过父母身边的儿子是他们时刻的牵挂，夫妻俩每个星期都要到儿子的学校去看他，生怕他有什么不适应。

大学毕业后，父母并不鼓励儿子出去找工作，而是劝他不要担心，因为有文凭，可以再等等，以后找个好工作。他们怕孩子在家无聊，就专门买了计算机。就这样，又过了几年，父亲开始担心了。他给儿子找了几份工作，可是孩子都以不适应为借口推辞掉了。慢慢地，父亲因此得了抑郁症，可令很多医生护士惊奇的是，这个孩子从来没有到医院看过自己的老父亲。

自从有了计算机以后，儿子就生活在了那个虚拟的世界里，再也不出来了。每天，从入夜开始，儿子就在网上泡着，第二天早上才睡觉。他在网上做些什么，做父母的一点也不知道，因为儿子的房间从来不要他们夫妇进去。平时两代人之间基本上不交流，儿子也从不跟父母一起上街，他需要什么，也不跟父母说，只是写在一张小纸条上，让父母给他带回来。有一次，儿子要母亲给他带东西，母亲忘了，于是儿子就大发脾气，把家里的电视机都砸坏了。

或许是因为对儿子太失望，或许是一时想不开，年迈的父亲在出院回家那天早上用榔头猛击熟睡中的儿子的头部，导致儿子昏迷数日。儿子躺在医院，父亲精神恍惚，只剩下一个老母亲，守着一个破碎的家庭伤心操劳。

从这个故事中，我们可以发现，这不幸的发生与父母对儿子的溺爱有着

直接的关系。这种惨剧，生活中也并不少见，甚至已经成为一种社会现象。这样的孩子，如此自闭、冷漠、寡情、无能，几乎等于一个废人，更谈不上什么男子汉了。

在《家庭教育》一书中有这样一句话："有规矩的自由叫作活泼；没有规矩的自由叫作放肆；不放肆叫作规矩，不活泼叫作呆板。"听起来很拗口，但理解起来却不难："比如牧牛场，周围用铁栅栏起来，牛在栅栏里吃草喝水，东奔西跑，这叫作活泼，放牛人不好干涉它；如果牛跳到栅栏外，就是放肆，就不得不干涉。不出栅栏，这就是规矩；如果在栅栏里，它却不吃草、不喝水，也不东奔西跑，如此就是呆板了。"

同样的道理，如果我们给孩子的爱，造成了孩子的自私与懒惰，让孩子缺乏最基本的能力与教养，那这种爱就贻害无穷。

相反，如果我们给孩子立的规矩，造成了家庭关系的淡漠和冰冷，让孩子的天性受到了压抑甚至是扼杀，那么这种规矩就是毫无意义的。

对此，我们父母要明确以下几点教育规则：

1.有些事，不能惯

有父母说："家里有规矩，但孩子耍赖也没辙啊！"这是很多家庭的通病：孩子不听你的原则，常常以哭闹、不吃饭来要挟父母。这很大程度上是因为父母一而再，再而三地降低底线。例如，和孩子约定好每天只玩半个小时平板，但孩子一哭闹，大人就妥协了，于是又多玩了半个小时。

被惯坏的孩子有一个特点，就是他们的要求总是被满足。每一次出现问题，大人就妥协，只会给自己和孩子的将来带来更多麻烦。

2.让孩子明白，自己的事尽量自己做

有的家长认为孩子还小，做事磨蹭，父母先帮孩子万事包办了，以后再培养也来得及。

其实在孩子每个年龄段，都有他们自己力所能及的事情。

家长可以根据孩子的特点，告诉孩子什么事情是要他自己做的。爱从来不是大包大揽，教给孩子解决问题的方法，而不是帮他解决问题，这才是真正的爱。让孩子多做一些力所能及的事情，时间久了，他才会在成长中学会自立自强。

3.让孩子明白，他必须学会承担责任

绘本《我永远爱你》中就有这样的对话：

阿力："如果我把枕头弄得羽毛满天飞，你还爱我吗？"
妈妈："我永远爱你，不过，你得把羽毛收拾起来。"
阿力："如果我把画画的颜料洒在妹妹身上，你还爱我吗？"
妈妈："我永远爱你，不过，你得负责给妹妹洗澡。"

这个故事中的妈妈做得特别好，她不厌其烦地保证，"我永远爱你"。同时又不忘强调：孩子，你要对自己的行为负责。你要尽可能想办法恢复或弥补你的所作所为带来的后果。

父母不能帮孩子逃避，应该要求孩子为自己的错误言行承担后果，让孩子有面对错误的诚实和勇气。

作为父母，我们都爱孩子，但我们更有责任培养孩子的好品格、好习惯，这也是我们的责任，而规矩与爱的统一，才能成就孩子的未来。

规矩先行，家庭教育也需要规矩

在家庭教育中，很多父母发现，孩子似乎就是很叛逆和任性，教育他们，光靠说教根本不起作用，其实，对于这样的情况，我们可以为孩子制订规矩，"国有国法，家有家规""没有规矩，不成方圆"。在家庭教育中，父母光爱孩子还不行，还应该为孩子制订一定的行为规则，比如，按时吃饭、睡觉、做作业等。制订规则有助于帮助孩子养成良好的行为习惯。

对此，教育学家指出，3~6岁是为孩子定规矩的最佳年龄，6岁前的小孩子正处于各种意识发展期，如果没有父母制订的规矩来约束他，孩子容易为所欲为，更不懂得判断自己言行是好还是坏。这样的孩子长大后将会变成一个不遵守规则的人，对孩子的人际关系也将有非常大的不利影响。

作为父母，想让孩子遵守规则，你要用行动为孩子树立榜样，而不是冲着孩子吼叫或斥骂，也不是空洞的威胁。孩子犯了错，你生气、愤怒都无济于事，只有规则能让孩子对自己的行为负责，并逐渐培养孩子成熟的品质。而歇斯底里的叫喊只会让孩子从情感上远离你，甚至让亲子关系变得紧张，孩子自然不会服从你的教育。

曾经，在美国，有一个11岁的小男孩，他在踢球时，不小心将球直接射在了邻居家的窗户上，打碎了他们家的玻璃。为此，小男孩和邻居协商好，他必须向邻居赔偿13美元。这可是一笔不小的数字，小男孩为此很苦恼。

最后，他决定求助于自己的父亲，但没想到的是，父亲居然让他自己想办法。

"我哪有那么多钱赔人家？"男孩非常为难。

"我可以借给你，"父亲拿出13美元，"但一年之后你必须还我。"

于是，为了偿还父亲借给自己的13美元，男孩开始了艰苦的"打工"生活。经过半年的努力，终于攒够了13美元这一"天文数字"，还给了父亲。

这个男孩就是美国前总统里根。他在回忆这件事时说："通过自己的努力来承担过失，我懂得了什么是责任。"

这里，我们发现，年幼时候的里根通过"足球事件"获得了成长。这个故事告诉父母，在家庭教育中，惩罚的作用是无法代替的。惩罚作为一种教育手段，一个很大的好处是有利于孩子从小树立对自己的行为负责的观念。在社会中的每个人都必须对自己的行为负责，孩子也不例外。如果你做错了事或说错了话，就必须承担由于自己的错误所带来的各种后果。

而让孩子形成良好的习惯，最好的方法就是制订规则。当然，在给孩子制订家庭规则时，以下几点是需要提醒父母注意的：

1.在生活中逐步帮孩子树立规则意识

孩子从早晨睁开眼睛到晚上睡觉，一天的生活当中，如厕、盥洗、进餐、午睡等每个环节都离不开规则，培养孩子的规则意识，首先应该让孩子知道，规则存在于我们生活的方方面面，需要我们了解并遵守。由于孩子年龄小，理解能力有限，父母对孩子的教育要细致、明确、有耐心，要让孩子在理解的基础上逐步加深印象，要给孩子养成习惯的时间，只有通过不断地强化，不断地累积，结合严格的要求，才能让孩子做到持之以恒。

2.告诉孩子制订规则的原因

语重心长地告诉孩子为什么要早点上床睡觉，为什么要孝敬长辈，孩子会感受到你的尊重，会认为你的话是有道理的，这样，他就会接受。因此，在制订规则的时候，父母最好能和孩子一起沟通、交流、平等对话，鼓励孩子发表自己的意见，与孩子共同制订一些规则，这样可以使孩子有一种责任感，并自觉自愿地遵守。

3.对年幼的孩子，利用形式多样的游戏，帮助孩子了解各种规则

年幼孩子的年龄特点决定他们的游戏与学习是分不开的，富有趣味的游戏对孩子有很大的吸引力。幼儿期是一个人身体、智力、情感和社会性飞速发展的时期。因此，在对他们规则意识的形成培养中，充分利用各类游戏，将孩子的规则学习与培养有机地融入孩子的游戏中，可以帮助孩子了解规则，巩固规则。

例如，表演游戏"公共汽车"，孩子扮成年龄、身份不同的乘客，在有情景的社会性游戏中，模仿生活中人们的语言、行动，体验人们对周围事物的感受，实践着社会所要求的行为规则，孩子在反复的游戏中了解了乘车的规则与礼仪，并逐渐会把社会的规则要求变成自己的主动行为，进而迁移到生活中。

4.规则要明确、细致化

给孩子制订规则，一定要简单易懂，让孩子容易遵守。

例如，要让孩子做到遵守交通规则，就要让孩子知道红绿灯的作用；让孩子早睡早起，就要规定具体的时间。这样，孩子容易理解，也容易做到。另

外，还应该明确告诉他违反规则会受到什么样的惩罚。

5.规则要靠执行

规则要靠执行，无论时间、地点发生怎样的变化，都不能例外。例如，在外面不能说脏话，在家也是如此；今天需要遵守这条规则，明天也是如此。

6.父母要以身作则地遵守规则

所有的规则不仅是立给孩子的，也是父母要严格遵守、以身作则的。

作为父母，我们要认识到，即使再爱孩子，也不能对孩子溺爱，给他们立下严格一点的规矩，并跟着孩子一起认真遵守，从小就培养孩子遵守规则、自制克己的好习惯。而且，有了父母的陪伴，孩子也会喜欢上遵守规矩的"游戏"，在"游戏"中健康地成长。

爱孩子，并不是对孩子娇生惯养

"可怜天下父母心"，哪个父母不希望自己的孩子能健康、快乐地成长，不希望自己的孩子能成为一个彬彬有礼、善良而正派的人。教育孩子，一个重要的目标就是让他有一个健康的心态、一个温文尔雅的姿态，但现代社会有很多家庭都是独生子女，这些孩子往往自以为是，独断专行，一旦有不如意的地方，就发脾气，而孩子坏脾气的形成，与很多父母错误的教育方法有关。爱孩子，并不是对孩子娇生惯养，对孩子的任何行为都听之任之，更不是让孩子成为一个飞扬跋扈、缺乏教养的人。

有人说过，只有不成功的父母，没有不成功的孩子。父母无论想把孩子培养成"牡丹"还是"富贵竹"，都要根据孩子本身所具有的特性，因势利导。没有哪个孩子天生就是目中无人的，任何不良的品性都和家庭有着千丝万缕的联系。作为父母，如果你的孩子脾气大，没有礼貌，那么，我们有必要反思一下自己的教育方式是否出了问题。

曾经在某所贵族学校，有个女孩被学校老师称为"暴力女孩"。她喜欢聚集学校的一些女生欺负自己"看不惯"的女生甚至是老师，后来她被学校开除，她坦然承认自己这种坏品行和自己的父亲有关。

原来女孩的父亲是一个有暴力倾向的人，母亲在家里一点地位也没有。一天晚上，她原本是和朋友一起去看电影，但出门不久，发现电影票忘带了，当她准备进家门时，却在门缝里看见父亲将母亲压在地上使劲打，女孩很是生气，冲上去制止了父亲。那个晚上她在床上翻来覆去，无法入睡。一整晚，脑海里不断重复上演她所看到的那些画面。女孩从此性情大变，一步步堕落。

为什么会这样？因为她的父亲给她上了一堂"暴力课"。在现实生活中，一些父母感叹自己的孩子脾气差，甚至缺乏教养，那么，我们首先要反思的是自己的教育方式是否正确。

的确，孩子千万不能娇惯，我们要根据孩子的行为优劣势，有针对性地制订一些具体的规矩，使之成为一个有教养的孩子：

1.制订规则，让孩子明白自己的行为界限

家长一定要让孩子明白什么是父母可以容忍的，什么是父母绝不能容忍的行为。要有的放矢，坚定自己的信念和原则，然后让孩子了解父母的想法以及目的。

2.冷静地与你的孩子沟通

如果孩子破坏了你订下的规矩或者是表现出某种不良行为的话，你就应该考虑严格要求孩子了。每次在你和孩子说话前请做一个深呼吸，尽量让自己保持冷静。然后请看着孩子的眼睛说出你的要求，要确保你已经引起了孩子的注意。请记住，你的目的是要在对孩子的疼爱中规范孩子的行为，而不是在愤怒中斥责孩子。

3.当场纠正孩子的错误行为，落实和孩子之间达成的协议

即使他的不良行为依然没有改正的迹象，也要把你和他之间达成的协议坚持完成。你必须保持协议的一致性和连贯性，而且要做到言出必行，这样孩子就会明白你是认真的。一旦孩子出现不恰当的行为，你就应该马上加以纠正。

4.一次解决一种没有教养的行为，并逐一改正

孩子目中无人往往表现在很多方面，假如孩子一直重复出现某种不良行为，那么你就要注意了。也许你的孩子有一大堆的行为问题需要解决，但是要改善孩子行为最有效的方式就是一次只解决孩子的一种不良行为，这样你将更有可能有效制止孩子的不良行为再度出现。问题一个个解决以后，你的孩子就能形成一种习惯，一个行为端正的孩子才更显教养。

5.建议孩子进行积极的选择

具体来说，你希望孩子形成哪些新的行为呢？请给孩子提供一两个可以进行正面选择的机会，如"请你温和有礼地和我说话""下次你该怎么做才能保证不会再以这样的语气和邻居阿姨说话呢？"

6.明确告诉孩子违反规定的后果

如果孩子继续违反规则或者他依然没有改正自己的不良行为，那么你需要向孩子告知他这样做的后果。

例如，"如果你再对你姐姐大喊大叫，你就要被罚站""如果你不能温和有礼地跟我说话，你就不能用电话"。请记住，你的告知务必做到具体、简短而又严格。如果孩子再次出现不良行为，你也可以考虑征询一下孩子的意见，看看怎样的处理结果才算公平。一般来说，与父母选择的处理方式相比，孩子们的选择往往会比较公平，而且更符合他们的"罪行"。

任何人都希望自己的孩子温文尔雅、彬彬有礼，这样的孩子不会是一个目中无人、骄纵任性的孩子，而是一个有修养、温婉大方的孩子。父母要教育孩子，悉心地呵护、培养孩子，但不能娇纵他，一个颐指气使的人是不会被人喜欢的，家长不能让自己教育的缺失影响到孩子的。

与父母对着干，也是没规矩的表现

以下是一位家长的教育心声：

"女儿以前读幼儿园时很懂事乖巧，叫她做什么就做什么。自从上了小学就跟变了一个人似的，老说我唠叨，多说一句就嫌我烦，摔门走开。我为她做了这么多，她还不领情！"

"这两年，孩子的学习成绩急剧下降，偷着上网吧，跟不好的孩子玩，作业也不做。我现在处处监督她，可是越管越不听，特别叛逆，老跟我顶嘴，和我对着干。我让她往东，她往西，吃饭时，我让她多吃蔬菜，她就是要吃肉，我让她买绿颜色的衣服，她就是要买黄颜色的，反正总是犯拧，求她也不是，骂她打她也不是。我没招了！"

可能不少父母都和故事中的家长一样，对于孩子和自己对着干这一问题很苦恼：为什么孩子现在的脾气这么大，到底是什么原因？

其实，作为父母，我们自己也应该反思，你理解孩子吗？你有真正聆听过孩子的想法吗？孩子有自己的想法，需要做家长的去聆听。有时他的心里没有太大的事情，只是想找个对象倾诉一下，把内心的烦躁说出来。这个时候你的唠叨反而会让孩子更加的烦躁。

这里说的"聆听",是需要你用心去聆听,用心去感受孩子成长的变化,理解他们,合理地引导孩子。好的教育是让自己的教育方式适应孩子,而不是让孩子来适应你的教育方式。不要以为以前的教育方式都是正确的,那是因为你的孩子还太小,处于弱势,没有拒绝的权利和抗拒的能力。而随着孩子逐渐长大,他们就敢于对父母说"不",敢于"抗旨",而父母也开始变得困惑、生气、抱怨、伤心……

为此,我们可以这样做:

1.五分钟后再谈

好的教育方法的前提是我们父母能够控制住自己的情绪。在气头上的父母,怎么会有能力、有智慧使用良好的方法呢?

"五分钟后再继续谈。"面对孩子的事情,给自己留五分钟的冷静时间,冷静下来,你会发现其实没什么大不了。孩子都需要父母用耳朵、用心去倾听和理解。

2.做出一些让步

让步可以在很多时候表明你欣赏孩子的成熟,并且意识到他对更多自由和自主的需求。

这里,我们需要明白两点:

(1)可以商量的:对于那些不影响孩子身体健康、学习和生活质量的,就是可以商量的,如早餐吃什么、周末晚上什么时间睡觉、衣服的样式,这些都可以商量,并与孩子的意见达成一致。

(2)不可以商量、妥协的:不符合以上原则的,也就是不能商量的,如孩子不认真学习、不做作业、逃学等,就绝不能妥协。对此,即使孩子与你争吵，你也不必因害怕破坏与孩子间的关系而一味妥协让步，这就需要通过规定限度与制订标准来规范孩子的行为。

事实上，即使父母的规矩不多，他们也不会得到孩子的"较高评价"。父母可以通过交流与让步避免与孩子发生激烈的冲突，但是必须制订一些标准，这是让孩子变得自律的主要方式之一。

3.契约法

父母之所以唠叨，孩子之所以发脾气，都是因为在某些问题上没达成一致意见，于是，孩子还是继续挑战父母的极限，他高举着"我青春期了，我要……"的大旗：明明规定的是8:30之前回家，但是最近他总是频频违规，早则9点，晚则10点多。面对这样的情况，你会怎样做？

对此，我们可以采用契约法：

星星妈妈是个爱唠叨的人，这不，这学期，星星和妈妈决定签一份合同。

合同是这样的：

第一条，以后吃饭时间不谈论学习情况。没考好时，妈妈不许发脾气，不许敲桌子，要耐心讲解；周末给儿子放松时间，不能硬性规定必须9点睡觉。

第二条，儿子要主动跟妈妈谈心，不许瞒着妈妈做事情，不准乱花钱，自己的事情自己做，如叠被子、刷碗、洗袜子等。

第三条，合同有效期：本学期。

这天晚饭时，妈妈又开始说星星学习的情况，星星把筷子一放，站起来郑重地说："妈妈，咱们是签过合同的。"

妈妈一想，是啊，不能违背合同，于是，妈妈给星星道了歉，妈妈答应星星，以后再也不会在吃饭时问个不停了。星星的变化也很明显：不乱花钱买衣服，按时写作业，还承担了家里的扫地任务。

其实，"契约教育法"的秘诀就在于：孩子的行为一旦约定俗成，家长就不用三令五申，照章考核孩子的行为就行了。它可以帮助孩子自我观察，养成良好行为习惯，父母省去了许多说教，亲子之间的情绪冲突大大减少，孩子也因此学会自主管理。

总之，孩子和我们唱反调，我们就要做出教育方法上的调整，该放手时要放手，教会孩子为自己负责，该信任的时候要信任，给孩子锻炼的机会，这样才能让孩子在体验中成长。

第07章
避免冷漠，要让孩子感受到来自父母无条件的爱

任何人来到这个世界上，最先接触的都是父母。父母是孩子的天，家庭的环境、父母的态度会直接影响孩子的成长。所以，父母想要正确引领孩子走向成功还是要有正确的做法。然而，我们发现，不少父母在教育孩子的时候总是按照自己的意愿，想要控制孩子的思想，一旦孩子做得不好，就冷暴力对待，甚至体罚孩子，其实这都是父母教育孩子的心理误区，不但不会起到好的效果，还会影响孩子的心理健康。相反，我们只有给孩子足够的爱，相信孩子，孩子才不会辜负我们的期望，朝着积极、健康的方向发展。

别忽视家庭冷暴力对孩子的伤害

俗话说，"天下无不是之父母"。父母做的每个决定都是为了孩子好，但有时候，我们的一些教育方法未必能起到好的效果，相反，还会伤害到孩子，其中就有家庭冷暴力。

所谓冷暴力，是暴力的一种形式，它的表现形式为冷淡、轻视、放任、疏远和漠不关心，以此来达到自己的目的，但却让他人的精神和心理上受到折磨。现实生活中，不少家长希望孩子按照自己的想法和意见来行事，孩子一旦达不到自己的要求便对孩子冷眼相向，不理不睬。孩子犯了错，他们不会给孩子一点笑脸。在父母这样的教育下，孩子与人交往和沟通时，也会表现出冷漠的方式，他们会认为家长对待自己的方式也会是别人对待自己的方式，所以他们会渐渐地疏远身边的人，把自己孤立起来。

不得不说，在现代家庭中，无论是父母还是孩子，工作和生活都很忙，家庭成员之间的交流就更少了，冷暴力的现象越来越多地出现在家庭中。其实，很多时候，作为父母，我们无意去伤害孩子，但是有的时候有些决定的后果不是父母能预料得到的。有时候面对冷暴力，孩子未必能理解父母的良苦用心。他们只会被这种暴力伤害得更深，从而影响亲子之间的关系。

第07章
避免冷漠，要让孩子感受到来自父母无条件的爱

天天一直是个很乖巧且学习努力的好孩子。但是最近天天的爸爸却发现天天每次放学都不按时回家了，有很多次甚至是等到天黑透了才回家。

天天的爸爸十分生气。这天，天天的爸爸觉得自己再不管天天，天天就要学坏了，于是他不管三七二十一就把天天狠狠地批评了一顿，事后也没有给天天解释的机会。

一天，天天在写作业，天天的爸爸正在看报纸，突然电话铃响了，是天天的老师。老师跟天天的爸爸说，他们最近搞了一个课外辅导班，成绩好的学生在课后帮助成绩差一点的学生，尽快地帮他们提高成绩，天天最近几天之所以回来那么晚不是因为贪玩，而是在帮助同学。

天天很开心地跟爸爸说："爸爸，我没有去玩儿，我是在帮助同学。"天天原本以为爸爸会向自己道歉，但是没想到爸爸说："就你还去帮助别人，你还是得了第一名再去帮助其他的同学吧。"

天天因为爸爸的这些冷嘲热讽开始变得郁郁寡欢，每当他想要帮助同学的时候爸爸冷嘲热讽的话就会从脑海中回响起来。后来，他再也不敢帮助同学了，和同学的关系也开始疏远了起来。而且天天从听到爸爸说"你还是得了第一名再去帮助其他的同学吧"这句话的时候他就觉得爸爸对他不满意。他的心理压力特别大，成绩也受到了影响，和爸爸的关系也越来越僵。

其实，家长想要更好地教育孩子就要及时地跟孩子沟通，及时了解他们心中所想，在自己的心中积极地摒弃冷暴力。只有父母和孩子建立了良好的沟通渠道，父母才能更好地引导孩子。而且父母在向孩子提出更高的要求的时候一定要讲究方法，要比以往更有耐心。不要对孩子使用冷暴力，否则孩子不仅

不能达到父母更高的要求，还有可能对自己进行自我封闭。所以家长教育孩子的时候使用冷暴力，就会得不偿失。

家长在教育孩子的时候使用冷暴力，不仅不会达到教育孩子的目的，反而会让孩子觉得与父母没有共同语言，从而影响亲子之间的关系。

作为父母，你们了解孩子的无奈和痛苦吗？

1.冷暴力会影响孩子性格的发展

冷暴力会让我们的孩子变得冷漠、孤僻，在学校，他们不愿意与人交流、玩耍，不愿意与人合作，表现得自卑，严重的会患上孤独症。

如果孩子所处的家庭冷暴力很严重，那么，久而久之，孩子内心就会变得越来越冷漠，筑起一道又一道的心理防线，不愿意与人分享自己的事情，对别人的事情也漠不关心。这就是孤僻，孤僻的孩子是很难融入集体的，未来也会很难融入社会。

2.冷暴力会扭曲孩子的心灵

如果孩子长期处于冷暴力的生活环境中，久而久之，你会发现，无论你的孩子是男孩还是女孩，都会变得敏感，不轻易相信他人，外表冷漠，内心自卑又缺乏安全感，生活自闭，这对于孩子的成长是极其危险的。

3.冷暴力会影响孩子未来的婚姻生活

如果孩子从小就生活在一个冷暴力的家庭里面，那么，随着他们年龄的增长，他们也会组建家庭，他们就会把自己的一些负面情绪带到以后的感情生活和婚姻里面去，尤其是在自己遇到争吵的时候，他也会采用冷暴力的方式去解决问题，这就是恶性循环，他们的孩子也会受到影响。

总之，父母教育孩子的方法一定要得宜。如果父母总是对孩子使用冷暴力，那么孩子就不愿意把自己内心的想法告知父母。这样做不仅影响孩子和父母之间的关系，还会让孩子产生一些心理问题，这一定是父母不想看见的。

唯有更多的爱，才能弥补离异对孩子的伤害

对于任何一个成长期的孩子来说，他们都希望能在一个幸福且完整的家庭里成长，都希望父母相亲相爱，在这样的环境下成长，他们也才会获得真正的快乐。父母关系破裂、离婚，对于心智尚未成熟的孩子说，确实是一个不小的打击，但父母也有追求幸福的权利，所以，一些父母会产生疑问，难道要为了孩子选择维持名存实亡的婚姻吗？当然不是，对于尚能挽救的婚姻，父母要努力经营，但如果到了非要离婚的地步，就要多为孩子考虑，尽量把即将带给孩子的伤害减到最小。

事实上，越是离异家庭的孩子，越是需要父母更多的爱，唯有给他们更多的爱，才能弥补父母离异对他们的伤害。

其实，我们的孩子是脆弱的，他们犹如一张白纸，我们父母营造怎样的成长环境，他们就会有什么样的性格，而我们的孩子，只有细心地呵护，他才会以积极阳光的心态、自信的面貌对待生活中的每一件事。而如果父母离异，在孩子幼小的心灵里，他们会缺乏安全感。此时，如果我们父母再不关心他们，给他们爱，孩子更会认为自己被父母遗弃，小小的心灵更会蒙上一层阴影。那么，父母离婚，该如何让孩子理解呢？为此，儿童心理学专家建议：

1.即使离婚也不要在孩子面前互相指责

父母离婚，无论是什么原因，都不要在孩子面前互相抱怨或者攻击对方，不要让孩子认为你们之间存在仇恨，反而，你们要在孩子面前表现得宽容。父母矛盾不断，只会让孩子感到矛盾，不知道谁是对的，谁是错的，最终会出现情感和行为分裂，使其性格养成受到影响，严重的会导致心理问题，乃至心理障碍和心理疾病。

2.对于孩子的教育问题，父母要协商

（1）经济方面：孩子要接受教育和培养，这就要求父母有物质上的付出，对于这一问题，父母不可推卸责任，也不可因为觉得亏欠孩子而溺爱他，这样不利于孩子的成长。

（2）孩子成长中的重要事件：对于孩子成长中的诸多事宜，如什么时候读幼儿园、小学去哪里读、孩子学习成绩差要不要请家教、大学要读什么专业、以后出不出国等问题，最好都由父母协商。

3.孩子在学校的活动，父母要经常参加

孩子的学校生活中，少不了一些公共活动，如家长会、运动会，在家长看来，这可能是无关紧要的小事，但却是孩子成长过程中的大事，对于这样的一些时刻，父母最好都在场，而对于孩子的生日，父母更要与孩子一起庆祝，这样，你的孩子就会明白，父母离异是他们自己的事情，孩子并没有因此失去父母，要告诉孩子爸爸妈妈都很爱他，也让孩子学会用语言表达自己的情感。

4.了解孩子的精神需求

抚养孩子，并不是只给孩子吃饭、穿衣即可，父母尤其是要对孩子的精神层面的需求给予充分满足；一定要抽时间陪伴孩子，哪怕只是陪着他们玩耍（这一点没有离异的家长也经常忽略）。

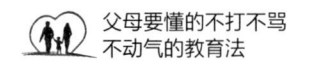

5.离异的父母要充实自己的生活

小润是个很可爱的孩子,她原本生活在一个衣食无忧的家庭里,她的爸爸是一家公司的高管,妈妈是家庭主妇,但就在她7岁的时候,命运和她的家庭开了个玩笑——她的爸爸妈妈离婚了。后来,小润由其妈妈独自抚养。妈妈把全部希望都寄托在小润身上,要她好好读书,日后成为一个有作为的人。

虽然妈妈对小润寄予了很大的希望,自己省吃俭用供小润读书,但是小润的成绩总是很差。妈妈想尽一切办法帮助小润,可还是不见起色。后来经过观察,妈妈发现这跟自己的家庭氛围有关。自己性格内向,加上离婚,还有生活的压力,所以总是愁眉不展,因此,家里总是笼罩着一层沉重的阴霾。小润的爸爸偶尔会来看望小润,但和妈妈说不到三句话就开始吵架,在学校的时候,小润也能感觉到周围的人都在嘲笑她,久而久之,小润的心灵蒙上了阴影,她变得心事重重。

离异的父母如果不打算再婚的话,最好也要有自己的工作或者其他兴趣爱好,也可以找一个伴侣,这样,你才不会因为空虚而把所有精力放到孩子身上,以至于给孩子造成很大的心理负担。也有一些父母认为为了孩子不找伴侣是对孩子好,其实不然。一个没有正常情感生活、不快乐的人很难保持自我身心的平衡,不免将自己不快乐的情绪转嫁给孩子,这样不利于孩子的健康成长。

当然,要做到以上几点,对于父母来说考验到他们的综合素质,尤其是情商,父母必须要有足够的耐心和对孩子的爱,以及很好的人际关系处理能力,所以如果一些父母认为自己无法处理好离异后对孩子的教育问题的话,可以咨询专业人士以获得他们的帮助。只有这样，才能让自己尽快恢复正常生活，才有足够的能力减少父母离异带来的影响。只有快乐的人，才能培养出身心健康的孩子。

体罚，对孩子的成长极为不利

事实上，很多人素来认为"棍棒之下出孝子"。如今，很多时候体罚仍被用来对付那些叛逆的孩子。那么，体罚对孩子的成长真的好吗？

诚然，我们的孩子总会犯这样那样的错，孩子犯了错，就要批评和惩罚，不少父母相信棍棒比说教更能让孩子牢记错误，当孩子犯错的时候，采取严厉的惩罚措施，甚至体罚。体罚是父母对孩子常用的方式。由于体罚总伴随着家长的情绪爆发，容易使孩子产生逆反心理或不满情绪，甚至导致自信心的丧失，这对于孩子的成长极为不利。其实，让孩子"牢记错误"不是重点，"改正错误"才是目的。父母不妨温柔地对待孩子的错误，用正确的方法引导，不仅能让孩子意识到自己的错误，还能增强孩子勇于发现错误的信心和勇气。

美国教育界的研究人员指出，体罚虽然可以纠正孩子的某些错误行为，但是却同样为孩子带来了深远的不良影响，甚至一些孩子成人后还呈现出虐待倾向。纽约哥伦比亚大学全国贫困儿童中心的心理学家伊丽莎白·盖尔绍夫经长期研究发现，体罚可能引发10种不良行为，其中就有进攻性、反社会以及在婚姻中的家暴行为等。她说，体罚未必一定会引起这些问题，这还要看对孩子使用体罚的频率、强度以及父母动怒程度或是否与其他教育方式结合使用等。

第07章
避免冷漠，要让孩子感受到来自父母无条件的爱

她说，体罚并不是最好的教育方式，因为它并不能让孩子真正分清自己的行为是对是错，虽然当父母在场时孩子看起来听话了，但是一旦父母不在，或者事后，他们会肆意妄为或寻找各种方法逃避惩罚。

这些数据说明，体罚会给孩子造成不良影响。而且这些在成长期有严重躯体情感虐待经历的学生，其躯体症状、强迫症状、人际关系敏感、抑郁、焦虑、敌对、恐怖、偏执等症状的发生率明显高于无成长期躯体情感虐待经历的学生。

目前的研究较多地证实了体罚与孩子成长后的心理和人格之间的密切关联。其实，孩子非常聪明，在遭受过体罚后，为了不再受体罚，他们往往会采取措施逃避体罚，从而开始撒谎，或者掩饰来逃避父母对自己行为的了解，这就可能破坏亲子关系，加大父母与其孩子沟通的难度。

国外的行为医学专家通过调查发现，遭受体罚等惩戒的孩子长大后，婚姻和家庭生活很可能不和谐，他们不能很好地养育自己的子女，甚至忽视对自己下一代的培养，如此恶性循环，将会造成不可弥补的家庭和社会问题。

从我们的孩子出生开始，接触时间最长且最亲密的人就是父母，孩子的一言一行都牵动着我们父母的神经。根据以往的研究结论，在幼儿时期，孩子很多行为的发生主要是为了引起父母的注意，这就需要父母的关心和关爱。在平时的家庭生活中，即使再忙，也要抽出时间陪伴孩子，与孩子多沟通，采取正面鼓励的方式，强化孩子良好的品质。对错误的行为也不能仅仅进行惩罚，而应该告知孩子这些错误行为的危害，以及正确的做法是什么。

孩子的成长是一个不断寻求自我认同的过程。以最让父母头疼的青春期的孩子来说，如果孩子感到他所处的环境剥夺了他在未来发展中获得自我认同的种种可能性，他就会以惊人的力量抵抗周围的人和环境。如果寻找不到自我

认同的感觉，他们宁愿做一个"坏人"，或者干脆"死人般地活着"；而如果他们对自己有了认同感，知道自己是谁，他们就会有一种安定的感觉，并能够明确未来的方向，健康成长。

我国教育心理学家称，对于年幼的孩子来说，由于其行为社会化刚开始，动作发展也未成熟，所以可能习惯性地拍打了同伴，但他们的目的是引起注意，从而进行交流，而这样的动作在父母眼里很可能就是侵犯性的"击打"。其实，对于孩子一些仅仅是为了吸引他人注意的行为，父母可以通过忽视的方式进行对待，孩子在几次尝试而没有达到目的之后，自然会放弃这一行为。如果真出现严重的情绪困扰或行为问题，就有必要寻求专业心理咨询人员的帮助。

现在大部分父母缺乏心理健康方面的基本知识，不了解孩子的心理特点和心理需求，也就无法从孩子的角度考虑问题。所以，父母有必要学习一些心理方面的知识，对孩子各个阶段的行为有所了解，才能正确对待。但无论如何，我们不可以体罚孩子，应该给予孩子爱和理解，让孩子真正把家当作心灵的港湾，孩子自然就会少很多叛逆。

引导孩子体会父母的艰辛,孩子才会爱父母

家庭教育中,不少父母感叹现在的孩子怎么越来越娇惯了,怎么越来越懒了,怎么越来越自私了?其实,孩子是父母教育的一面镜子,孩子如何,很大程度上与父母的教育方法有关。纵观古今历史,我们不难发现,不经历成长的艰辛、不明白何谓"贫穷"、蜜罐里长大的孩子弱点多,如自私、虚荣、嫉妒、盲目、软弱等,这样一些缺点让孩子在面对社会的残酷竞争时,在理想与现实之间,诱惑与机遇之间,很容易就一个不小心,失掉了平衡。

聪明的父母善于在日常生活中引导孩子体会他们的艰辛和生活的不易,这样,孩子才会理解父母的爱,也会爱父母。

一个上小学的小女孩,母亲卧病在床多年。她承担起了全部家务,每天买菜、做饭、收拾房间,为母亲擦洗身体。家里生活十分困难,使她养成了省吃俭用的习惯。在这种情况下,她每天按时到校上课,勤奋苦读,还担任了学生干部,成为三好学生,被评为"十佳少年"……

还有一个年仅5岁的小孩,在父母上班之后陪伴着瘫痪在床的奶奶。奶奶该吃饭了,他把父母做好温在锅里的饭菜慢慢端到奶奶床上;奶奶要解手,他把便盆送到奶奶身边……

这些鲜活的例子证明了孩子只有经过生活的磨炼，才能了解生活的艰辛，才能明白父母家人的含辛茹苦。孝顺父母的孩子很大程度上是一个人格健全的孩子，因为他知道如何爱别人。

的确，父母养育孩子长大成人，倾注了无数的心血。孩子只有体会到为人父母的辛苦，才能在未来社会承担起更多的责任，只有懂得孝顺自己的父母，才能养育出同样孝顺自己的孩子。而从孩子自身角度看，他们还处在性格养成的过程中，也只有让孩子认识到父母的辛苦，才会尊重和体谅父母，进而避免亲子之间的对抗。

而现代社会，为人父母的，有多少人打着爱孩子的旗号，然后不停地摧残那颗脆弱的心灵，的确，不少人说：我们中国的父母是天下最爱孩子的父母，却是最不懂得怎样爱孩子的父母。他们固然爱孩子，但却是单向地爱孩子，不能实现和孩子之间的互动，这种爱是不健全的，只有孩子也反过来爱父母，这种爱才会在孩子心中生根发芽，开花结果，这种人间大爱正是这样得以传承的。

那么，家长该怎样让孩子体会到父母的辛苦，从而让孩子爱父母呢？

1.日常点滴中建立亲情，让孩子从细节中感知生活，理解父母的艰辛

在孩子时间允许的情况下，父母应该要求孩子"帮妈妈刷刷筷子洗洗碗""给爸爸捶捶后背揉揉肩"。亲情培养，很多时候就是一些容易被我们忽略的细节。从这方面说，孩子不适合从上小学起就到离家较远的外地去上寄宿制学校，因为这不利于亲情培养。亲情，就是在一天到晚的亲密相处中建立起来的。

2.给孩子机会，让孩子从行动上感知

父母不妨把日常工作跟孩子说一下，条件允许的话还可以带孩子去上一

两次班，让他知道你上班走什么路线，每天都做些什么事情，你的工作中有哪些困难；你还可以告诉孩子下一个月、下一年家里都需要买什么东西，需要花多少钱。总之要让孩子看到、体会到父母的难处，而不是只让他听父母说"我很辛苦"。

在一个双休日，爸爸骑自行车带李雷去公园。看完各种动物表演，李雷十分兴奋。回家的路上行人稀少。他对爸爸说："爸爸，让我带你一段怎么样？"爸爸说："你没有带过人，能行吗？"李雷说："让我试试吧。"爸爸也就同意了。

于是，爸爸坐在车架上，李雷双手紧握车把，用力蹬动脚踏板，车轮滚滚向前。可李雷毕竟还小，骑了七八百米之后，就有些体力不支了，额头上也渗出了汗珠。最后他喘着气停了下来，好奇地问爸爸："爸爸，你每天骑车送我上学也这么费力吗？"爸爸说："我虽然力气大些，不过每送你一次，我也挺累的，尤其是前边那个上坡更费力气。"

到了星期一，爸爸照常骑着自行车送李雷上学。骑到上坡时，坐在后边的李雷忽然跳了下来，用手推着车。爸爸非常欣慰。

3.用亲情故事启发孩子，让孩子意识到父母的辛苦，从而孝顺父母

家长一定要定期抽出点时间和孩子谈心聊天，要把自己的难处和家里的难处有选择地告诉孩子。通过谈话，我们可以让孩子体验亲情，唤醒孩子孝顺父母的意识。

有一个老师这样教育一群叛逆、离家出走的男孩：

他从家中带一些鸡蛋，让这些男孩不论用什么方法，要保证鸡蛋在一天之内不碎。一开始有的男孩不以为然，一下课就把鸡蛋放在课桌中，自顾自去玩了，谁料到课桌被好动的同学撞了一下，鸡蛋就碎了；还有的就一直把鸡蛋捧在手里，但用力过猛，把鸡蛋捏碎了。几次失败后，孩子们开始想各种办法保护鸡蛋，最后干脆用上了保护措施：有的把鸡蛋放在泡沫塑料里；有的把鸡蛋放在布袋里，挂在胸前。当学生把完整的鸡蛋交给老师时，都不由自主地长吁了一口气。老师借此引导孩子："你们保护一个鸡蛋才一天，就觉得累了，爸爸妈妈保护你们长大成人，所付出的精力和耐心，就可想而知了。"

我们还可以让孩子从"乌鸦反哺""羊羔跪乳"等故事中体会到孝顺父母是一种美德。告诉孩子，动物尚有此本能，何况我们人呢？

父母是孩子的第一任老师，切记不要溺爱孩子，溺爱是孩子成长的毒药。每个孩子就像一棵幼苗，放在温室中肯定不会长成大树。只有让孩子拥有孝心，才能让他明白，只有互相付出爱，一个家庭才能美满，在学校和社会中才能与他人和谐相处，这样的孩子才能拥有更和谐的人际关系，才能在社会上更好地生存！

温馨和睦的家庭环境，能给孩子最好的滋养

不得不承认，我们每个人从呱呱坠地开始，就归属于一个家庭，家庭也是人出生后最初的受教育场所。父母的性格、教育方式、教育观念，父母在家庭中所处的位置以及所扮演的角色等，对一个人性格的最终形成有非常重要的影响。从这个意义上说，家庭环境对孩子的成长尤为重要。

我们不得不承认，孩子在成长的过程中，总是会遇到这样那样的问题，需要我们父母进行引导，而最好的家庭教育方式莫过于给孩子一个轻松有爱的家庭环境，只有在这样的环境下，才能教育出好的孩子。

所以说，给孩子一个良好的成长环境是让孩子健康成长的关键。瑞典教育家爱伦·凯指出：环境对一个人的成长起着非常重要的作用，良好的环境是孩子形成正确思想和优秀人格的基础。

每个孩子，只有在温馨和谐的家庭环境下，才会感觉到轻松、安全、心情舒畅、情绪稳定，这样有利于孩子形成良好性格。因此，从这一点看，家庭中的父母长辈，应该保持积极健康的情绪状态，为孩子营造一个温馨和睦的家庭氛围。

为此，我们父母需要给孩子提供一个舒适的成长环境。父母们要记住：所有孩子的优秀品行都不是从天上掉下来的，而是相应环境培养出来的。曾经有专家对一批婴幼儿进行跟踪调查，调查表明，那些生长于和谐、温馨的家庭

氛围中的儿童，有这样一些优点：活泼开朗、大方、勤奋好学、求知欲强、智力发展水平高、有开拓进取精神、思想活跃、合作友善、富有同情心。

而另外有一项调查，少管所中，不少孩子是因为父母不和，经常在家中吵架，甚至离异，全然无视了对他们的教育，严重影响了他们的身心健康发展，才致使他们走上歪路。

家庭成员间的关系和谐，会对孩子优良品质的养成有极大的帮助。

那些幸福温馨的家庭中，成员之间是互相信任的，在这样的环境中成长，孩子终日耳闻目睹，它的感染力是巨大的，潜移默化地使孩子无形中养成了热情、诚实、善良、正直、关心他人等优良品质。

另外，在这样的家庭环境中，成员之间是互相关爱的，对于孩子，他们也是疼爱有加的。因此，除自己的学习和工作外，有更多的精力关心孩子，这有利于孩子的智力开发，知识经验的积累以及能力的提高，为孩子入学后的学习打好基础。

为此，教育心理学家给父母提出了以下建议：

1.为孩子创造和谐的家庭环境

家庭成员之间应相互关心、理解和支持。家长要给予孩子充足的爱和关注，让孩子感受到家庭的温暖和安全。家长要鼓励孩子说出自己的需求和困扰，同时也要耐心倾听并给予积极的反馈。家庭中出现冲突时，家长要以平和、理智的态度来处理，避免在孩子面前争吵或冷战。可以教给孩子一些解决冲突的方法，如换位思考、妥协和寻求共同利益等。

2.无论遇到什么事，家长都要情绪稳定，尽量为孩子提供一个温馨的家庭环境

居家过日子，家庭矛盾在所难免，人际交往中也可能出现矛盾，但不可

把不良的情绪带回家。父母有空闲时可以陪孩子一起玩耍、散步,在家里多谈些轻松愉快的轶闻趣事,说些孩子感兴趣的影视剧、体育等话题。

我们的孩子犹如一株花苗,在一个和谐的家庭中才能健康地成长,才能含苞待放。为了孩子,也为了全家的幸福,父母们也应该时刻保持好心情,从而为孩子创造一个良好的成长环境。

总之,良好的家庭情感,和谐的家庭关系可以给孩子良好的成长环境。因此每一位家长都应该为了孩子优良的个性品质的形成,为了孩子可以健康地成长,去营造一个温馨和睦的家庭环境。

第 08 章
父母如何协助老师解决校园里孩子的叛逆行为

校园是我们的孩子活动时间最长的场所。一些父母认为，只要把孩子送到学校就万事大吉了，其实不然，孩子的校园生活如何，与孩子是否能安心学习、健康成长有着密切的关系，而孩子在学校遇到什么事、心情如何、学习成绩怎么样等，都是我们应该了解并关心的内容。要知道，孩子在校园的任何一件小事，都有可能引发孩子的叛逆行为，这就需要我们配合老师的教导，与老师一起帮助孩子，让孩子可以快乐学习、健康成长。

一上课就化身"捣蛋虫",父母怎么做

作为父母,我们知道,学习对于孩子来说,是最重要的事。课堂学习是一个师生互动的过程,学生成绩的好坏很大程度上取决于课堂听讲的效果。有的孩子一到上课就变成"捣蛋虫",这不仅给老师的教学工作带来困扰,也让很多父母忧心忡忡。很多父母也被老师请到学校,大家都希望能同老师一起找到一个有效解决问题的办法。

以下是几个家长的苦恼。

"我真不知道王伟同学是不是有多动症,他总是捣乱,害得我没法上课,也影响了其他同学,希望你回去好好和他沟通下。"在某学校的老师办公室里,老师义愤填膺地对一个家长说。

"我的儿子今年10岁,小学四年级,他好像从去年开始就变得不听话了,说什么做什么完全看自己的心情,老师还经常打电话来说他上课不听讲,跟老师顶嘴,对着干,由开始的课堂上故意捣乱,到现在的不学习、上课不听讲,趴在桌上。他现在回家连书包都不带回来。"一位母亲说。

"我这个月已经是第三次被老师请到学校了,我儿子上课要么不听讲,要么和同桌讲悄悄话,更为严重的是,一次他居然在课堂上把篮球拿出来,和几

个男生一起玩起了传球，把那个新来的英语老师气得半死。"另一位父亲说。

想必很多孩子的父母都遇到过以上情况，并感到束手无策。

一般来说，孩子在课堂上不注意听讲大约有三种表现：

第一种是自己不认真听课，还打扰别人，他们在课堂上大声喧哗，甚至打打闹闹，严重影响了教学活动，使得老师经常不得不中止教学维持课堂纪律。

第二种是自己不听讲，但不会影响别人。这类孩子表面上看是在听课，其实在下面自己做小动作，如玩文具、听音乐、看课外书等。

当然，这类孩子不听讲的目的并不是想让老师生气。因为他们不能理解老师的授课内容，无法从老师的授课中得到有意义的信息，老师讲的知识不能进入孩子已有的知识结构，使他根本不知道老师在讲什么，听课像是听天书，这是学习障碍的一种表现。

第三种情况多半是和孩子的逆反心理有关，尤其是在那些已经进入青春期或者学习困难较大的孩子身上表现得尤为明显。青春期是孩子在生理和心理上都处于形成的不稳定时期，这一时期的孩子心理上渴望自由但又要面临紧张单调的学习，这种矛盾情况容易使孩子产生学习心理疲劳，对学习的兴趣降低甚至厌倦学习，而他们大部分的时间都和课堂有关，于是，他们很有可能会将逆反的矛头转向老师，于是，他们会出现上课注意力不集中、故意和老师作对等情况。

那么，作为父母，我们该如何协助老师做好孩子的心理调整工作呢？

1.我们父母不要给予孩子过大的学习压力

作为父母，我们不要过分看重学习成绩，这对于孩子来说是一种无形的压力。很多孩子都有这样的经历，当他们学习成绩下降，父母常常是老账新账一起算，把孩子学习成绩下降归结到玩得太多、不认真等原因上，甚至骂孩子

"蠢""笨"等,这只能导致孩子产生对抗情绪。在课堂上,他们没有学习的动力,逆反心理会再次使得他们不认真听讲。

2.与老师进行沟通,建议老师对孩子进行一些教育方法上的调整

老师面对犯错误的学生常常是持不接纳的态度,特别是对"屡教不改"的学生,更是从心理上排斥他,甚至动用罚站、写检查、叫家长等多种手段处罚他。然而,这种方法只会加剧孩子的逆反心理,甚至产生厌学情绪。因此,父母不仅不能接受老师的惩罚方法,更要建议老师寻找新的解决问题的方法,要给予孩子更多的理解与支持,与其建立良好的沟通渠道。

另外,在教学方法上,可以建议老师让孩子多进行一些自主性学习,课堂教学正发生着"静悄悄的革命",无论是"自主学习""合作学习""探究学习",还是"洋思经验"中的先学后教,当堂训练的课堂教学模式等,都在努力探索新的教学理念,而这一切又都需要老师帮助学生在课堂学习中拥有一个愉快的心境。

总之,作为父母,我们不要认为孩子在学校,就可以放任自流,让老师管教等,每一位父母,都必须做孩子情感的依靠,如果你真的能做到理解孩子,让孩子产生情感认知,那么,你会发现,你什么事情都不用做,孩子的逆反问题就解决了一半。

师生关系不融洽，是导致孩子在学校叛逆的重要原因之一

作为父母，我们知道，我国自古以来就是一个尊师重道的国家。我们强调"一日为师终身为父"，就是强调要尊敬师长、感恩老师。作为父母，我们要让孩子认识到老师在其自身成长过程中的重要引导作用，要让孩子学会感恩。而同时，对于任何一个孩子来说，大部分时间都待在学校，就免不了与老师打交道，而师生关系会直接影响孩子的学习兴趣。作为父母，可能你也发现，孩子与哪个老师关系比较融洽，喜欢上哪门课，哪门成绩就好；如果与哪个老师关系不和谐也会殃及那门课，这大概也是爱屋及乌的反应吧。从这一方面看，我们也应该教育孩子要与老师建立融洽的关系。

另外，学生的大部分时间都待在学校里，就免不了和老师交往。而与老师关系不融洽，是导致孩子在学校叛逆的重要原因之一。我们来看看下面的案例：

在一堂数学课上，张老师正在讲解一道复杂的几何题目。小明坐在教室的最后一排，平时他就是一个比较沉默寡言的孩子，不太喜欢在课堂上发言。然而，他对数学有着浓厚的兴趣，总是喜欢自己研究一些难题。

这天，张老师在讲解题目时，小明突然举手提问："老师，您刚刚讲的那个定理，我觉得还有一种更简单的证明方法。"张老师有些意外地看着小明，

因为她从未听说过这个定理还有其他的证明方法。她犹豫了一下，然后说："哦？那你能不能跟大家分享一下你的想法？"

小明点了点头，开始详细地解释他的证明方法。然而，由于他过于紧张，表达得并不清晰，导致很多同学都无法理解他的意思。张老师耐心地听了一会儿，然后打断他说："小明，你的想法很有创意，但是我觉得你可能理解错了这个定理的本质。这样吧，我们先按照我刚才讲的方法来解题，等课后你再把你的想法跟我详细说说，我们再一起探讨。"

小明听到这里，误以为张老师是在否定他的想法，心里有些失落。从那以后，他在课堂上变得更加沉默，不再主动发言。

可能不少同学都有过这样的经历，在被老师否定之后一蹶不振。实际上，老师并不是真的要否定小明，很少回答问题的小明当堂分享自己的观点过于紧张，在课堂的短暂时间里，也来不及让小明详细阐述自己的观点，因此老师邀请小明课后一起探讨。但很多同学跟小明一样，一时没有得到老师的认可，就自暴自弃、破罐子破摔，这实在是不利于其健康成长。

为此，我们父母在教育孩子时，不但要督促其努力学习，还要帮助孩子和老师建立良好的关系，可以从以下几个方面入手：

1.教育孩子尊重老师，尊重老师的劳动

有人说，教师是太阳底下最光辉的职业，这句话一点也不假，老师从踏上岗位的那一刻起，就无私地奉献着自己的青春。老师对学生严厉，也是希望学生学好，要问老师希望得到什么回报的话，就是希望看到学生成才、成人，希望看到学生从自己那里学到更多的知识。

因此，我们要告诉孩子：不管老师怎样严格要求你，你都要理解老师、尊敬老师，见到老师礼貌地打声招呼。另外，用实际行动尊重老师的劳动：上课认真听讲，不违反纪律，把老师留的作业保质保量地完成。尊敬老师，尊重老师的劳动，是师生和谐相处的基本前提。

2.培养孩子勤学好问、虚心求教的品质

如果你的孩子会认为"那个老师并不怎么样""他的水平太低了"，那么，你要告诉孩子："等到你长大以后，你会知道这种看法和想法是多么天真。因为不管老师水平到底怎样，老师能成为老师，必然够格教你知识，老师在他的年龄、学问、阅历上的水平肯定是高于你的。所以，要向老师虚心求教。好问不仅直接使学习受益，还会加深和老师的交流，无形中就缩短了与老师的距离。每个老师都喜欢肯动脑筋的学生。"

3.告诫孩子犯了错误要勇于承认，及时改正

人无完人，青春期的孩子也会犯错，老师都能理解，并都愿意指出孩子的错误。而有的孩子明知自己错了，受到批评，即使心里服气，嘴上也死不认错，与老师之间的关系搞得很僵。也有一些孩子"一朝被蛇咬，十年怕井绳"，受过老师一次批评心里就特别怕那个老师，认为他是对自己有成见。

对此，你要告诉孩子："错了就是错了，只要你主动向老师承认错误并积极改正就是好学生。老师不会因为谁有一次没有完成作业，有一次违反纪律就认为他是坏学生，就对他有成见。"

4.教导孩子正确对待老师的过失，委婉地向老师提意见

在有些孩子心里，老师就是完人，老师不应该犯错，实际上，这种想法是不正确的。老师也是人，也会犯错，也会有失误。其实，根本不可能存在没有缺点的人。老师不是完美的，他有的观点也会不正确，也会误解某个同学，甚至有的老师"架子"比较大，或是太严厉，这都是可能的。

父母要教导孩子："如果你发现老师的不足，要持理解态度，向老师提意见语气要委婉，时机要适当。相信，老师会感激你的指正。如果老师冤枉了你，不要当面和老师顶撞，这样不但无助于问题的解决，还会恶化师生的关系。暂且忍一忍，等大家都心平气和再说。"

总之，父母要让孩子明白的是，老师是他们的第二个"家长"，要尊敬、爱戴老师，和老师搞好关系，因为与老师关系融洽既可以促进学习，又可以学到很多做人的道理，会使他一生受益无穷。当孩子明白这一道理之后，对老师自然就会少很多对抗情绪。

孩子厌学，如何解决

这天，在下班的路上，两位妈妈聊到了孩子的教育问题。

"王姐，最近怎么了，是不是有什么心事？有什么事，我们能帮忙的，就说出来，大家都是同事。"

"不瞒你说，是我女儿小敏，我现在几乎每天下班后的工作，就是把她从同学家或者娱乐场所拉回来，早上也不愿意上学，这孩子，不知道怎么了，现在就跟变了一个人似的，以前她很爱学习，人家问她以后的理想是什么，她都说是考大学，现在，不知道她在想什么，和小时候判若两人。对了，听说你家菲菲很爱学习，成绩很优异呢，你是怎么教育孩子的？"

"现在的孩子啊，不好好教育，是很容易产生一些问题的，尤其是厌学，还有抵触情绪呢。其实，学习越来越紧张，他们也有很大的压力。"

"我知道，可是小敏根本不愿意去学校，哎，真不知道该拿这孩子怎么办。"

像小敏一样，孩子不爱去学校，很大一部分原因是有厌学情绪。随着社会竞争的日益激烈，每个孩子都必须要掌握知识。正因如此，不少孩子即使在天真无邪的童年也要背负沉重的学习压力。久而久之，他们似乎已经不再是为自己读书，而是为父母。除了每天紧张的学习外，他们还要面临残酷的学习竞争，一场场考试、一次次排名，把他们压得喘不过气来，久而久之，他们开始产生厌学情绪。其实，缓解孩子的学习压力是个社会性问题，需要全社会的共同努力，但是做家长的负有最直接的责任。为了孩子的健康成长，每一个家长都要格外尽心和努力。

作为父母，我们要从以下方面努力：

1.要下大气力解决孩子的学习动机问题

学习动机是孩子学习的根本动力。随着年龄的增长，孩子会不断地明确认识到学习目的中社会性意义的内容，孩子的学习才会有持久的动力。

一些家长爱用"不读书将来没饭吃""不读书一辈子干苦力"等话教育孩子，既没有给孩子讲道理，又没有直接激发孩子的具体实例，往往不起任何作用。

其实，兴趣才是最好的老师，孩子的学习也是如此，只有让孩子真的爱上学习，他们才能化压力为动力，因此家长要注意经常鼓励孩子，想方设法激发他的学习兴趣，并潜移默化地向他灌输社会性理想，帮助他将目光投向社会、世界和未来。

例如，有个同学原来对课本学习不感兴趣，上课随便讲话，做小动作。班主任老师在一次家访中，发现了他爱饲养小动物。于是老师有意让他加入生物兴趣小组，并委托他饲养生物实验室的金鱼。由于他的兴趣得到合理引导，他不仅在课外活动中主动积极，而且在生物课上学习也十分认真。

可见，孩子一旦对学习产生了兴趣，便会积极主动地投入，消除怠惰。

2.找到孩子不喜欢学习的原因，对症下药

父母首先要和孩子沟通，以温和的态度和孩子探讨孩子为什么不喜欢学习。父母了解了孩子的问题所在，就可以对症下药。对于因学习困难而对学习不感兴趣的孩子，家长要耐心地帮助孩子找到学习困难的原因，帮助他掌握科学的学习方法。

3.切实帮助孩子解决学习上的问题

很多父母关心孩子的学习情况，只是把目光放在孩子的成绩上，而没有认识到孩子有时候也需要家长在学习方法上的辅导与帮助。有的孩子因为某一个问题没弄明白，一步没跟上，步步跟不上，就会渐渐失去学习的信心和兴趣。

所以父母要真正关心孩子，就要注意孩子是否能跟上学习进度。有条件的每周都要和孩子一起总结一次，发现哪里出现了问题就要及时补上。必要的时候，还要请专门的老师给予专题辅导。孩子在学习上的困难得以解决，他的学习兴趣必然能够得到提高。

而对于学习压力过大，已经明显表现出病态心理和行为的孩子，我们要积极求教于心理咨询和治疗机构，在专业人员的指导下对孩子予以科学的辅导，逐步帮助孩子克服障碍。

及时帮助孩子疏导与老师产生的不良情绪

作为父母，我们都知道，自从我们把孩子送进学校，他们接触的最为权威的人就是老师了。然而，老师也是人，也会犯错，如教学错误或者误解了孩子等，而此时，如果我们的孩子不要当面顶撞或者嘲笑老师。我们要告诉孩子，即使反驳老师，也要注意言辞，反驳的时候要注意分寸，注意礼貌，即使你和老师的观点有分歧，记住也要用求教的态度向老师提出问题。一般来说，老师都是明理的，在发现自己的错误后，都会及时更正。

很多孩子都与老师发生过不快，如被老师误解，和老师在知识点上有分歧，而作为学生，首先要尊重老师，与老师真诚沟通，便能很快消除分歧，然而，似乎不少学生，尤其是高年级的学生，容易对老师表现出对抗，甚至对老师大发脾气，这是对老师不尊重的一种表现。

那么，作为父母，对于这一问题，我们该如何解决呢？

1.告诉孩子正确对待老师的过失，委婉地向老师提意见

作为父母，我们要告诉孩子："如果你发现老师的不足，不可以生硬地指出，而是可以选择适当的时机，向老师委婉地表达自己的想法。相信老师会感激你的指正。如果老师冤枉了你，不要当面和老师顶撞，因为这样有可能会恶化你与师生的关系。暂且忍一忍，等大家都心平气和再说。不管怎么说，老

师是长者，作为学生的你应该把他们置于长者的位置，要照顾老师的自尊心和面子。"

2.孩子出现对抗老师的叛逆行为，家长一定要保持平静

要做到这一点，我们需要不断提醒自己：

孩子的行为并非针对个人，只是情绪化而已，因此，即使你的孩子把坏情绪带到家中，你也要给其发泄的机会，而不应该硬性压制。要注意避免争吵。对于叛逆的孩子，争吵只会激化矛盾。

3.对于老师对孩子的不恰当管教，家长要与及时老师沟通

有时候，一些老师可能在没有弄清事情原委的情况下，就凭自己的主观看法，认为孩子做错了事，如打了同学等，这样很容易让孩子对老师的这种教育方法产生反感情绪。对此，我们可以和老师沟通，让老师明白孩子的行为并非故意，而是孩子的逆反心理导致的，弄清楚事情的原委，能帮助孩子和老师化解误会。

4.被老师误解和批评的孩子，我们要为其创造安全的家庭环境

可能你的孩子会觉得，被老师批评是一件很丢人、伤心的事，此时，你要让孩子知道，家是一个保护他的地方，是他温暖的港湾。而营造一个安全的家庭氛围对青春期的孩子至关重要。你可以鼓励你的孩子："看得出来，今天你受了委屈，能跟妈妈说说吗？"这句话，会让你的孩子感受到你的关心和理解。

5.和老师沟通，弄清事情原委

如果你的孩子只是做作业不认真或者上课开小差等，这些问题并无大碍；而如果你的孩子严重违纪或者做出一些出格的事，这就需要你多加注意，密切观察孩子的举动，以防孩子误入歧途。

总之，对于成长中的孩子来说，我们要让其明白，尊重老师是一个学生最基本的素质，同时，我们也一定要对孩子多加关心，及时帮助孩子疏导在学校与老师相处过程中产生的不良情绪。

你的孩子为什么不服老师的管教

作为家长，我们都知道，对于学龄期间的孩子来说，最重要的任务就是学习，而师生关系融洽与否直接关系到孩子在学校的学习情况，孩子不服老师的管教，是让很多家长头疼的问题，我们先来看看下面的案例：

严先生五年前就离婚了，那时候，他的女儿小雅才8岁，而转眼，女儿已经上初二了，人们都说单亲家庭的孩子难管教，严先生现在才知道这句话是多么正确。严先生最担心的是小雅的学习，小雅有很严重的偏科，通常来说，小雅在语文和英语这两门课上，都能考到高分甚至经常拿班级第一名，但对数学却一窍不通，即使严先生经常告诉小玲："学好数理化，走遍天下都不怕。"但小雅对数学还是提不起兴趣。后来，严先生通过了解才知道，小雅最讨厌班上的数学老师，原因是半年前数学老师对女儿的一次管教。

那天，严先生急急忙忙下班回家，就开始做饭，稍后，女儿回来了。一进门，女儿就把书包重重地摔在桌子上，严先生不解："怎么了，这么大脾气？"

"没事，做你的饭吧，我不吃了。"说完，女儿又拿着书包回了房间。

晚上，无论严先生怎么哄，女儿都不肯吃饭。

严先生这才想起来，自打那次之后，女儿好像就不怎么做数学题、看数学书了。

可能很多孩子都被老师管教过，大部分的原因都不外乎上课不注意听讲、打架、考试成绩差等，但这个年龄段的孩子，一般都不服老师的管教，这也就是小雅会因此大发脾气的原因。

那么，孩子为什么不服老师的管教呢？

1.逆反心理

随着孩子的成长，他们的身体快速发育，随之带来的是对他们心理的冲击。他们的目光也从外界的关注转移到了内心世界，他们发现自己已经不是原先的自己了，而是一个全新的"我"了。他们发现不但身体不是"我的"，就连个性也不是"我的"，这些都是父母、老师和其他人造就的。于是他们"醒了"，并决定与原来的"我"决裂，要求摆脱家长和老师的束缚，要求独立、自主，从原先的一切依赖中挣脱出来，寻求真正的自我。此时如果老师也管教他们，他们会感觉自己又必须被迫做原先的"我"了，于是，他们急于发泄自己。

2.老师"不恰当"的管教

这里的"不恰当"，一般指的是老师对学生的误解，如误认为学生偷了东西。

另外，很多老师还沿用以前的"保姆式"的管教方法，但很明显，孩子渴望独立，很容易对老师的这种教育方法产生反感情绪。

3.繁重的课业负担

孩子进入中学后，学习强度要远远高于小学。课程增加、科目众多、难度增大、课时加长、作业繁重，如果跟不上这种强度的变化，就会让孩子对老师产生逆反心理，进而不服老师的管教。

学习是每个孩子生活中最主要也是最重要的部分。但如果孩子不服老师的管教，甚至出现一些负面情绪，那么，很可能会导致孩子对学习产生厌烦情绪。

其实，每个孩子都希望能成为老师眼中的优秀者，希望老师喜欢自己。在学校里，师生之间的关系和谐、友好、亲密，能使师生团结合作，提高教育活动的效果，因此，那些对抗也只是表面的，老师仍然是孩子的理想目标、公正的代表，他们希望得到老师的关心、理解与爱。

那么，作为父母，我们该如何协助孩子让他得到老师的支持呢？

1.尊敬老师

尊敬师长，是每个学生必须做到的。老师辛勤地工作，希望每个学生都能成人、成才，但老师也是人，难免有缺点、有错误，如果因为老师工作中有缺点、有错误就不尊敬，那是不对的。我们应该告诉孩子，你应该理解老师的苦心，更要尊敬老师。有了尊敬，才能建立良好的师生关系。

2.努力学习，用成绩回报老师

老师希望每个学生都能取得好成绩，因此，对那些学习用功、成绩优异的学生，老师总是格外关注，因为他们是老师教学成果的最好证明。因此，我们也要让孩子明白，要想得到老师支持，成绩是最好的武器，学习成绩的上升，会让老师看到你的努力，他自然就会喜欢你。

3.主动关心老师

例如，在某个节日的时候，我们可以协助孩子，为老师精心地制作一张贺卡，并让孩子写上想对老师说的话，如在给班主任老师的贺卡上写道："亲爱的老师：这一年来给您添麻烦了，感谢您的辛勤培育。在新的一年里，我打算把各科成绩都提高一个层次，请您继续关注我，帮我一把，好吗？"相信任何一个老师看了这张贺卡，都会被孩子的上进心打动的。

第09章
表达你的理解，用爱和引导靠近你的孩子

任何一个孩子从出生开始，都要经历从幼儿变成儿童，再到青少年的过程。在这个过程中他们的独立意识会不断增强，他们蓬勃成长的同时，也希望得到成人的理解。作为父母，我们只有从爱的角度出发，理解孩子身心发展的特点，才能理解孩子的叛逆情绪和行为，才能更好地帮助孩子，使他们更加健康、快乐地成长。

告诉孩子，父母是他最坚强的依靠

生活中，我们经常听到一个名词——归属感，的确，无论是谁都需要一种归属感，并强烈地希望自己归属于某一组织或者个人。我们最初的归属感是感受到来自生育了我们的父母的爱。随着我们不断成长，与社会的接触逐渐增多，我们的归属感就更强烈，但我们在与人交往的过程中不免会受到伤害，如被人不留情面地批评，或者感觉被人排斥、压力过大或者精神极度疲劳时，我们就更需要归属感了。

要知道，孩子毕竟是孩子，成人受伤或许可以一笑了之，但孩子是脆弱的，需要我们父母用心呵护。我们要让孩子在失意、落魄的时候走出心理阴影，否则，他就可能到别的地方寻求他人帮助接受并获得归属感。他可能去向那些根本不在乎他的人寻求庇护，并可能通过危险的方式获得乐趣和身份认同，如此，后果将不堪设想。很多孩子离家出走，误入歧途，就是因为得不到父母的认同和慰藉。

从另外一个层面说，给足孩子爱，让孩子有归属感，更易于加深亲子间的感情，进而淡化甚至消除孩子对父母的对抗情绪，并可以帮助孩子培养良好性格和健康心理。

那么，父母具体应该怎样去增强孩子的家庭归属感呢？

第09章
表达你的理解，用爱和引导靠近你的孩子

1.与孩子经常沟通，理解孩子的感受

交流沟通在促进人们社交、情感和个人成功方面起着关键作用。如果父母不与孩子交谈，意味着缺乏亲子间缺乏沟通，孩子可能将其理解成对他的忽视。所以，家庭中的沉默会给他的自尊、自我价值感以及他对未来家庭关系的信任带来不利的影响。

孩子在生活中受挫的时候，需要父母的鼓励，否则会导致他产生严重的挫败。父母应该接纳孩子的感受，帮助孩子宣泄内心的情感。另外，家长也可以鼓励孩子表达出内心的情感。比如对他说："我想你现在很难过，给你一个拥抱，你会觉着好点吗？"这样的话能让他放松地表达自己的想法："我现在心情不好，我来是想得到一些安慰。"

2.做他最后的庇护者

当你的孩子正处于困难时期，当他筋疲力尽无法继续佯装坚强之时，他需要一个藏身之所，需要某个地方、某个人成为他最后的庇护所。在这里，他可以展示真实的自我；在这里——至少在短暂的一段时间，没有人要他负责任，他可以被无条件地接受；在这里，他可以真正放松下来，因为他知道，有人愿意暂时分担他一时的负担，让他得到解脱，有人可以做他坚强的后盾。

父母应该成为孩子最后的庇护者，因为父母对孩子非常重要，虽然在某些时候，家长可能觉得自己缺乏足够的情感储备，不能为孩子提供其所需要的慰藉。这个时候，你不用对你孩子说些什么或者做些什么，而应该好好考虑一下，除了与他保持亲近外，他是否还需要你为他做些什么。要让他恢复对自己的信心，其实并不需要付出太多的努力。

（1）当你的孩子表达想要获得你的原谅时，请接受孩子的请求，并真正原谅他。

（2）给你的孩子足够的庇护和安全感，但并不意味着你对他的行为中的问题视而不见、听之任之。

（3）站在他的角度想问题，理解他的感受，如果孩子需要，请给予他安慰。

（4）在没有压力的寻常时间里，与孩子来一次倾心的交谈，告诉他家永远是他最后的庇护所。

3.给面临压力的孩子以支持

压力不仅仅困扰着成年人，孩子也面临着双重的压力。一方面，他要承受来自自身生活中的压力，如学业和交友等多方面的压力。另一方面，他还受到工作繁忙、缺乏耐心的父母所面临压力的间接影响。面对压力，他们比成年人更加迷茫，更加不知所措。

一位母亲说："我过去认为我孩子挺好的。尽管他孤独了些，但他看起来生活得不错。我的生活也还行。我们之间交谈不多。后来，在中考之后，他开始逃避一切事情。如今他不学习，整天把自己关在家里，也不说话。我们的生活真的是一团糟。"

这个孩子的表现就是压力过大造成的，如果你的孩子长时间地难过或者郁郁寡欢，超出了你的预期，或者变得很有攻击性，离群索居或者不愿与人交往，睡眠不安，注意力不集中，或者过分依附他人，这时，他可能正感到痛苦难过，需要你对此采取一些行动，你也必须采取一些慰藉他的行动。你应及时告知他事情的变化及做出的决定，以便他感觉到没有失去对自己人生的控制，让他保持生活的常规不变，以强化他的安全感。

孩子毕竟是孩子，他们需要父母的精心呵护；只有给予他足够的爱，他才会理解爱的内涵，才会积极健康、乐观向上地成长，这不正是父母所希望的吗？我们要做孩子坚强的精神后盾，才能保障孩子的成长！

倾听能表达你对孩子的重视和理解

任何父母，都希望自己的孩子把自己当朋友，他们都希望孩子能向自己吐露心声，但事实上，很多父母发现，为什么孩子那么叛逆，什么都不愿意跟自己说，而如果自己强迫孩子"开口"的话，也许上演的就是一场口水战了，实际上，我们应该反思，是孩子不愿意说，还是你不愿意听呢？

事实上，正是因为一些父母总是端着长辈的架子、不愿意听孩子说，才导致孩子不愿意与父母沟通。而聪明的父母都会懂得倾听，引导孩子发表自己的意见，让孩子畅所欲言。

小凯现在越来越不听话了，经常在学校惹事，他的爸爸也经常被老师请去，这不，小凯又在学校打架了。回家后，爸爸并没有训斥孩子，而是心平气和地把孩子叫到身边。

"我知道，老师肯定又把你请去了，我今天是少不了一顿打。"儿子先开了口。

"不，我不会打你，你都这么大了，再说，我为什么要打你呢？"爸爸反问道。

"我在学校打架，给你丢脸了呀。"

第09章
表达你的理解，用爱和引导靠近你的孩子

"我相信你不是无缘无故打架的，对方肯定也有做得不对的地方，是吗？"

"是的，我很生气。"

"那你能告诉爸爸为什么和人打起来吗？"

"他们都知道你和妈妈离婚了，然后就在背地里取笑我，今天，正好被我撞上了，我就让他们道歉，可是，他们非但不道歉反而说得更厉害了，我一气之下就和他们打了起来。"儿子解释道。

"都是爸爸的错，爸爸错怪你了，以后别的同学那些闲言闲语你不要听，努力学习，学习成绩好了，就没人敢轻视你了，知道吗？"

"我知道了，爸爸，谢谢你的理解。"

可以说，小凯的爸爸是个懂得理解与倾听孩子心声的好爸爸。孩子犯了错，他并没有选择粗暴的责问、无情的惩罚，而是选择了倾听。倾听之中，表达了对儿子的理解，让孩子感受到了爱、宽容、耐心和激励。

但现实生活中，这样的家长又有多少呢？随着现代社会生活步伐的提速，竞争压力的加大，作为家长，为了能给孩子一个优越的生活环境，每天奔波劳碌，却忽略了对孩子的陪伴。父母是孩子的第一任老师，也是孩子接触时间最长的朋友，在孩子成长的过程中，他们最需要的就是父母的关心，最愿意交流的对象也是父母。不少家长认为，只有女孩才有心事，才需要父母的呵护与倾听，其实不然，男孩同样也有这样的需要，尤其是随着男孩身体的成长，他们的自我意识加强，渴望脱离父母的束缚，如果孩子缺少父母的理解，那么，亲子关系就会越发紧张，甚至对孩子的成长产生不利影响。

可见，父母不愿倾听、理解孩子的最终结果可能是失去了"倾听"的机会。常有家长这样抱怨：真不知道我家孩子是怎么想的，总是不肯好好听我说话。对此，父母应该反问自己：作为家长，你有没有听过孩子说话？我们把大量的时间用来批评和教育孩子，却忽略了倾听孩子的心声。父母应该做的不仅仅是为孩子提供良好的物质生活环境，同时，应该去倾听孩子的内心，让彼此间的心灵更为亲近。

其实倾听孩子的过程，不仅仅是给孩子一个说话的机会，还可以拉近孩子与父母之间的距离。不要因为被生活中的一些琐事束缚而放弃这个机会。听孩子说话的时间也许只够你做一顿饭，打扫一间屋子，或是写一份工作报告，但却是一个父母和孩子构建良好亲子关系的大好机会。

为此，教育心理学家建议我们家长：

1.放下父母的架子，平等地与孩子沟通

倾听的首要前提就是要和孩子平等地对话，这才能达到双向交流的作用，和孩子发生矛盾在所难免，但要等孩子把话说话，再提出解决的办法，这才会让孩子感觉到被尊重。

作为父母，一定要放下架子，主动与孩子交流，然后认真倾听，只有让孩子体会到父母对自己的尊重，孩子才能更加信任你，达到和你以心换心、以长为友的程度。在这种条件下，孩子会对父母完全消除隔阂、敞开心扉，培养的过程也会因此成为一种非常美好的享受。

2.摒弃成见，孩子的想法未必不正确

作为大人，很多时候，我们会认为孩子的想法是不对的，甚至是不符合常规的，抱着这样的心态，在倾听孩子说话的时候，会有一种先入为主的想法，会把孩子的话摆在一个"幼稚可笑"的立场，孩子自然得不到理解。其实孩子也是人，孩子也有一个丰富的心灵，我们要特别注意倾听他们的心声。

3.向孩子传达你专注倾听的态度

当孩子产生一些不良情绪时，做父母的要能察觉出来，然后主动接触孩子，运用停、看、听三部曲来完成亲子沟通的乐章。"停"是暂时放下正在做的事情，注视对方，给孩子表达的时间和空间；"看"是仔细观察孩子的面部表情、手势和其他肢体动作等非语言的行为；"听"是专心倾听孩子说什么、说话的语气声调，同时以简短的语句反馈给孩子。

可能你的孩子做得不对，但作为家长，不要急于批评孩子，应该在倾听之后，对孩子表达你的理解，在孩子接纳你、信任你之后，你再以柔和坚定的态度和孩子商讨解决之道，从而激励孩子反省自己，帮助他从错误中学会成长。

其实，每一个孩子都希望自己能够得到父母的理解，因此，从现在起，我们每天哪怕是抽出2小时、1小时，甚至是30分钟，去做孩子的听众和朋友，倾听孩子心中的想法，忧其所忧，乐其所乐，当孩子有安全感或信任感时，就会向其信任的成年人诉说心里的秘密。这样，你才有可能经常倾听到孩子的心灵之音，你的孩子才会在你的爱中不断健康地成长，快乐地度过童年！

家长做错了，也要向孩子道歉

日常生活中，大人和孩子都避免不了做错事，但是这个过程中，我们发现，孩子向父母道歉的情况比父母向孩子道歉的情况要多。家长一般都觉得孩子容易做错事，对此父母负有教导孩子的责任，要教导他们有礼貌，做错事就要道歉等；对于孩子来说，他们通常都不知道父母有错，也觉得父母不会那么容易做错事。父母则认为自己一般能做对，即使做错事了也不需要道歉，他们觉得自己处在一种比较高的地位。其实，这样做的直接后果是，父母不但给孩子树立了一个不负责任的负面形象，更会让孩子认为自己不被尊重和平等对待，进而导致逆反情绪的产生。

现代教育要求家长在家庭教育中爱和理解孩子，这就要求父母不能把教育放在绝对两极的位置，父母做错了事，也要对孩子说一句"对不起"。或许，碍于面子，有些家长知道是自己错了，还是硬撑着、扮强势。其实，向孩子说一句"对不起"，不会有损父母的权威，反而会构建起一个平等的交流平台。而更为重要的是，父母能让孩子感受到被理解和被尊重，也有利于建立良好的亲子关系。

下面让我们来看两个案例。

案例一：

一个周六，妈妈在拿钱包时，发现里面的少了一百元，妈妈一口咬定是儿子丁丁拿的。丁丁说没拿。妈妈不信，先是"启发"孩子："需要钱可以向我要，但不能自己拿！"后来就越说越生气，警告丁丁："不经允许拿妈妈的钱，也算是偷！"丁丁不服气，母子俩就吵了起来。这时丁丁的爸爸回来了，忙解释说："钱是我拿的，还没来得及告诉你呢。"妈妈这才停止了对儿子的逼问，但又补上一句："丁丁，你可要记住，花钱要管妈妈要，可不能偷偷地自己拿啊。妈妈的钱可是有数的！"丁丁觉得受了委屈，一气之下，离家出走了！

案例二：

一天，冬冬的父亲下班时发现冬冬还没有回家。冬冬的父亲急了，明天就要期中考试了，冬冬不在家复习，上哪儿玩去了？过了一会儿，冬冬回来了。父亲没等他解释，就数落开了。冬冬没言语，进屋学习去了。过了几天，隔壁的张叔叔忽然登门向冬冬表达谢意。原来那天冬冬在路过张叔叔家时听到了张奶奶在呼救，她摔倒在地爬不起来了，冬冬赶紧到外面请人帮忙，并联系了张叔叔。冬冬爸爸一听才恍然大悟，十分后悔，那天不该如此武断地批评孩子。晚上，冬冬爸爸请冬冬坐下，十分诚恳地做了自我批评，向冬冬道歉。这事之后，冬冬更爱爸爸了。

上面两个事例，一反一正，给人以启迪。在家庭生活中，家长说错话，办错事，甚至冤枉孩子，都是难免的，关键是发生问题后家长怎样处理。家长和孩子相处，应该是民主平等的，不能摆家长架子。家长错怪了孩子，就应该主动道歉，而且要态度诚恳，不敷衍。

有些家长认为这样做会有失尊严，其实不然，孩子是明理的。父母向孩子认错，给孩子树立了有错必改的榜样，会使孩子由衷地敬佩父母的见识和修养，并学会勇敢地为自己的行为负责，让孩子从小形成一种责任意识。同时，孩子也会更加信任父母，一家人和睦团结，为孩子创造健康成长的良好环境。家长的威信不但不会降低，反而会提升。

可见，家长做错了事，肯不肯向孩子道歉，不仅影响着两代人的情感，也关系着孩子的进步与成长，这实在是家长应该学会使用的一种教育手段。

在现在的家庭教育中，家长如果从不向孩子承认自己的缺点、过失，孩子就会认为父母只严格要求他们，却对自己的行为睁一只眼闭一只眼。久而久之，对父母正确的教诲，孩子也会置之脑后。如果在孩子做错事后，父母能郑重向孩子认错、道歉，孩子就会懂得承认错误并不是一件可耻的事，就会提高分辨是非的能力，尝到原谅别人的滋味。故此，为了让孩子能树立责任意识，父母不妨做到以下两点：

1.用正确的方式向孩子道歉

对于年龄小一点的孩子来说，父母不用讲太多的道理，只要用一些行动，如手势、表情、做法等，自然就可以让孩子知道在这件事上，父母做错了，而且父母在向他们道歉，并不需要说太多的话。如果孩子知道这种做法是错误的，那么他们一般就不会再犯这样的错误。

但是，对于年龄大一点的孩子来说，父母向他们道歉，就必须向他们讲明这件事错误的原因，为什么做错了，这也是一种间接教育的方法。

2.注意道歉的态度

父母道歉的态度也是很重要的，不能太过于生硬，或者轻描淡写。用这些错误的态度，即使道歉了也不能挽回什么，只会加深误解，因为年龄大的孩子能明显感觉得到父母态度的不同，意识到父母是不是在敷衍。

因此，父母应用真诚的态度来道歉，不要因为碍于面子或者身份而不愿意向自己的孩子道歉，或者只是略微地说一下。父亲撞到儿子，这时候，父亲与其说"我不是故意的"，倒不如真诚地对孩子说"对不起，孩子，我撞伤了你"。父亲这时候大大方方的道歉比不真诚的辩解更能够得到孩子的尊重。

总之，父母在与孩子相处的时候，要言传身教，做错事时也要向孩子认错、道歉，这是培养孩子成为一个有责任感的人的重要方式。孩子最早的学习是从模仿开始的。他们从很小的时候开始，就会将看到、听到、感觉到的东西"融洽"在正在发育的大脑里，并在以后的生活中不知不觉地加以模仿，不仅限于行为举止，而且包括思维方式、情感取向，以及性格等。一个在生活中处处表现得不负责任的父母，即使想教育孩子做事要有责任心，孩子也会很不服气，很不以为然。另外，最为重要的一点是，当父母自己做错事时向孩子道歉，会让孩子感受到被尊重和平等对待，不仅可以改善亲子关系，还可以赢得孩子的尊重和信任。

先理解孩子，才能走进他的内心世界

我们都知道，任何人都是有情绪的，包括喜、怒、哀、乐、恐惧、沮丧等，人是情感动物，人的情绪也是与生俱来的，对于孩子来说也是如此。孩子逐渐长大，也开始有了多变的情绪，很多时候，孩子的叛逆，也是内心某种情绪的外泄。作为父母，我们要留心观察，读懂孩子的内心世界。如果孩子产生消极情绪，要及时予以疏导，不然，他们的情绪就会像一匹脱缰的野马四处乱撞，可能刚刚那个活泼开朗的孩子一下子就变得闷闷不乐了。

我们先来看下面这位妈妈是怎么帮助孩子处理坏情绪的：

一天傍晚，李太太正在做饭，女儿静静回家后就嚷嚷："妈，从明天开始，我不去学校了，你别劝我！"

"为什么这么说呢？"李太太心想，静静肯定在学校遇到了什么不开心的事。

"没什么，感觉不太舒服。"

"不舒服，哪里不舒服？怎么不早点请假回来呢？"

"不想耽误学习啊，你别问了，反正我不去。"其实，李太太心知肚明女儿有劲儿这么嚷嚷，怎么可能是不舒服呢，一定另有隐情。

"可是，今天不舒服，明天不一定不舒服啊，要不妈妈带你去医院看看吧。"李太太在说这话的时候，故意露出一点笑容，静静明白，妈妈看出端倪了，于是，她只好说："妈，你女儿是不是很没用啊？"

"怎么这么说，我女儿一直是最棒的，有最棒的学习能力，待人真诚，还疼妈妈。"

听到李太太这么说，女儿笑了，主动说出了今天遇到的事："妈，今天老师让我们写一篇作文，我拼错了一个字，老师就嘲笑了我一番，结果同学们都笑我，真没面子！"

此时，李太太没有说话，只是搂着伤心的女儿。女儿沉默了几分钟，从妈妈怀中站了起来，平静地说："谢谢你听我说这些事，我要去小强家了，他还等着我一起复习功课呢。"

从这个故事中，我们发现，李太太是个细心的人，当女儿静静说不想去上学时，她并没有对孩子进行批评和指责，而是循循善诱，让孩子道出了心事，这样的沟通才是有效的，才能帮助孩子疏解困扰。

因此，作为父母的我们，要体贴和帮助孩子，要对孩子身心发展的状况多加留意，对他们某些特有的行为举止要予以理解并认真对待，只有表达对孩子的爱和理解，孩子才愿意向我们敞开心扉，为此，我们家长要做到以下几点：

1.细心观察，了解孩子的内心世界

作为父母，你是否发现，当孩子呱呱坠地时，我们会特别在意他，会留意孩子的声调、面部表情、动作、姿势等，会用自己的行动表达对孩子的爱，可当孩子逐渐长大后，做父母的反倒把这种表达爱的方式忘记了。很多父母都没有注意到，这种细微的变化导致孩子离我们越来越远。大多数情况是，孩子的各种情绪开始日益明显，很多家长抱怨孩子不好管，而事实上，没有教不好的孩子，只有不好的教育方法。只要方法妥当，任何孩子都是优秀的；只要用心，总能找到合适的教育方法，而孩子更需要的是家长的爱和关心。

2.理解、信任你的孩子，接纳孩子的心情

可怜天下父母心，每个父母都是爱孩子的，可是教育的结果却千差万别。为什么有的家长能跟孩子和谐相处，情同知己，有的却水火不容，形同陌路，这就是教育方法的不同所造成的。作为父母，首先就要了解你的孩子，关注孩子的成长过程，你要了解孩子烦恼产生的原因，只有这样，才能对症下药，帮助孩子解决烦恼。

3.适当"讨好"一下你的孩子，缩短彼此间的心理距离

当然，这里的"讨好"并不具备任何功利的目的，而是为了增进亲子关系，父母应该多赞扬一下你的孩子，或者带孩子出去散散心，让孩子感受到家庭的温暖，这样彼此间的心理距离就拉近了。那么，孩子自然愿意向你倾诉了。

4.不要总是压制孩子表达他自己的想法

任何父母，都希望自己的孩子把自己当朋友，对自己倾诉成长中的烦恼与快乐。然而，孩子越大越难与他们沟通，这是很多父母共同的感受。这是什么原因造成的呢？其实，孩子也想对父母说实话，只是很多父母总是端着家长的架子，甚至压制孩子的想法，孩子又怎么愿意与你沟通呢？因此，聪明的父母都会引导孩子发表自己的意见，逐渐变得愿意和父母沟通。

5.分享孩子的感受

无论孩子的心情如何，也无论孩子是向你们报喜还是诉苦，你最好暂停手边的工作，静心倾听。若边工作边听，也要及时作出反应，表示出自己的想

法或感受，倘若只是敷衍了事，孩子得不到积极的回应，日后也就懒得再与大人交流和分享感受了。

在日常生活中，如果你发现孩子出现情绪变化，尤其是叛逆情绪，那么你就要考虑一下自己的孩子是否在为某件事烦心。此时，你要从理解孩子、尊重孩子的角度，做孩子的朋友，或许他会对你敞开心扉。

用引导代替压制，能有效避免孩子的逆反情绪

我们都知道，家庭对孩子一生的成长是至关重要的，家庭是孩子人生的第一所学校，家长是孩子最重要的启蒙老师。父母与孩子朝夕相处，接触的时间和机会最多，父母的言行无时无刻不在影响着孩子，父母的教诲引导孩子从小走到大，对孩子今后的成功有着深远的意义。家庭教育作为孩子通向社会的第一座桥梁，对孩子的个性、品质和健康成长起着极其重要的作用，很多父母反映孩子总是出现这样那样的叛逆行为，其实，面对这种情况，我们更不可急躁，对孩子有耐心是教育的智慧。

的确，作为父母，我们要认识到，教育不是一两天的事情，教育工作中遇到的问题也不是一两次就能解决的。揠苗助长有害，欲速则不达，这是每个家长都应该明白的道理，我们要对孩子要有耐心，我们要学会等待，要从一点一滴做起，以小见大。

当然，在教育的过程中，除了要有耐心外，还必须要运用我们的智慧。

杨先生是一名中学教师，在谈到自己儿子的教育时，他提到这样一段经历：

我的儿子上幼儿园中班时，一次和小朋友玩疯了，回家时候忘带书了，

他偷偷和妈妈说不要告诉爸爸。吃晚饭的时候，他妈妈忍不住告诉我了，我就叫他不要吃饭了，把书找回来再吃饭，他哭着叫他妈妈和他去找书，在幼儿园找保安拿到书。回来后他的表情舒展了。我和他说，一个学生丢了书，就像战士丢了枪一样。他马上就回我，"战士丢了枪，鬼子来了可以躲起来啊！"我严厉地说："是的，战士丢了枪可以躲起来，那么老百姓谁保护啊？"他不再说话了，我又说："一个人不能忘记自己的责任啊！"前几天孩子他妈妈去青岛开会，我和孩子两个人在家里，我发现他每天都要检查煤气、检查家门。一天我因为去学校早了点，忘记拿牛奶了，回去以后发现孩子已经拿回家了，而且放到了冰箱里。孩子长大了。

杨先生对孩子进行的责任教育，并不是陈述大道理，而是从生活中孩子丢了书本这一事件入手，不但避免了孩子在这样的情境下出现逆反的情绪，更让孩子明白书本对于学生的重要性，从而让孩子从这一小事件中明白做人必须要有责任心，后来孩子检查煤气、家门、拿牛奶等事，证明了杨先生的教育起了作用。

的确，真正会教育孩子的家长往往都能遵循孩子成长的特点，凡事耐心引导，而不是不分青红皂白地向孩子发脾气，为此，我们在教育孩子的过程中，需要做到以下几点：

1.给孩子一点时间，不要急躁

我们经常见到：孩子在穿衣服或鞋子时，穿了半天没穿好，妈妈冲到他面前，边数落边快速地帮孩子穿上。孩子动作都是慢的，因为这个世界对于他们来说是新的，我们看上去很简单的东西，对他们来说则不是，都要他们去学，反复练习才能做到。所以，家长要有足够的耐心。

例如，父母很赶时间，但孩子还在那磨蹭，解决这个问题的方法是：总结经验，把出门的时间提前一点，如打算9点出门，就从8点10分或8点钟开始准备。这样，就有足够的时间给孩子，让他自己穿鞋穿衣了。可以给奖励的东西，但不能是物质的，最好是口头上的奖励，如摸摸他的头、冲他笑一下，或者向他竖起一个大拇指。孩子从家长的表情、动作就可感知你的鼓励。

2.多听孩子的想法，不急于作出评价

即使孩子的看法与大人不同，也要允许孩子可以有自己的想法。父母应考虑到孩子的理解能力，举出适当的事例来支持自己的观点，并详细地分析双方的意见。父母不要压制孩子的思想，要尊重孩子的感受，孩子自然会敬重父母。

3.理解孩子的情绪

孩子毕竟是孩子，尽管他们发泄了情绪，但是却不能清晰地理解，此时，就需要我们大人帮助其理解，这样，孩子会有进一步的认识。例如，当孩子知道奶奶买了玩具送给小表妹作生日礼物的时候，他吵着也要，此时父母应该解释道："你可能感觉不开心，认为不公平，但今天是妹妹生日，这是送给妹妹的生日礼物，你过生日的时候，奶奶是不是也送了你礼物呢？"通过这番话，能帮助孩子事情的性质，也就不会无理取闹了。

4.领会孩子的话的意义

孩子很小的时候，如果感到不开心时，可能会噘嘴、啼哭等，但是长大后，他们发现，表达不满不能永远用哭，哭也解决不了问题，因此，当他再有这样的情绪时，往往会隐藏起来，并且，对于很多语言能力尚未发育成熟的孩子来说，他们还不能使用恰当的语言来表达自己的想法，此时，就需要我们加以引导，领会孩子想要表达的真正含义。

例如，当孩子生病时他会对你说："妈妈，我最恨医生。"此时你应顺着他问："他做了什么事让你恨他？"孩子若说类似于这样的话："他总是要给人打针，要人吃苦药水。"你可以表示理解地回答他："因为要打针吃药，你觉得很不好受，对吗？"这样，孩子的紧张心理会得以缓解，也会接受你接下来的引导。

第 10 章
平等沟通，保护孩子的自尊心

我们都知道，孩子的世界和成人的世界是不同的，对于他们成长道路上看到的很多事物，孩子与成人的看法与意见会不一致。因此，我们要先尊重他们，尊重他们的个性、兴趣、看法等，与孩子平等对话，孩子才能有更多的生活体验，才能成长得更快。假如我们剥夺了孩子的这种权利，那么，他们就体验不到这种乐趣，还会变得叛逆，越来越难管教。

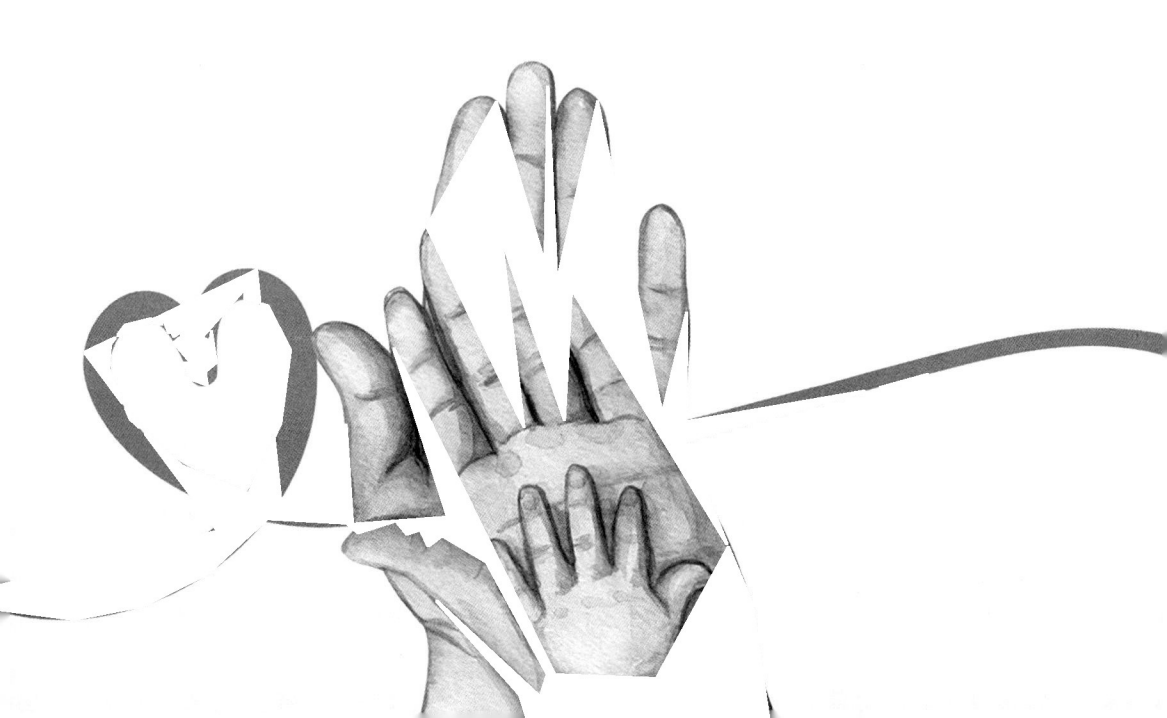

谩骂与呵斥，是对孩子的极大不尊重

我们都知道，为人父母，除了给孩子生命，还需要教育好他们。孩子犯错了，批评管教少不得，而孩子心灵是脆弱的，我们批评教育孩子，千万不能过度。因此，任何批评，都必须要讲方法。如果孩子一犯错，父母就采取谩骂、呵斥的方式，非但不能让孩子接受并改正错误，还会让孩子产生逆反情绪。

然而，生活中，很多父母却经常犯这样的错误：家长三番五次地对孩子说，"跟你说过多少遍，做作业的时候不要玩其他的"，可是孩子还是边学习边玩；妈妈经常提醒孩子不要打架，可孩子还是"恶习"不改；面对孩子网瘾问题，父母强行干涉，结果把孩子逼急了，孩子居然离家出走……

实际上，父母过分的叮嘱、管教不但不能起到预期的效果，反而会让孩子出现逆反的行为。因此，任何一个父母，在教育孩子的时候，都应把握一个度，时间不能过长，内容也不应过多。

有位母亲这样谈到女儿的教育问题：

女儿已经上四年级了，在第一学期期中考试时，考了个双百，全家人都很开心，女儿更是兴奋不已，第一学期期末考试又是双百，自然又是一番庆祝。但是，我感觉这样下去，不一定是好事，当时也没有太在意这些。四年级下学期，平时测验试卷拿回家的时候，只要是满分，女儿总是神采飞扬地和我们谈论，只要不是满分，女儿就像犯了很大错误似的，把头埋得很低。

果然，有一天回家，她的爸爸问她成绩考得怎么样，女儿突然一反常态，直接反问她爸爸："你们不是一直说成绩不重要吗？那为什么学校还要考试呢？"当时丈夫愣在那里，不知道怎么回答。

我走过去，轻轻地抱了抱女儿说："其实没考好没关系，无论是平时的测验，还是期中期末的考试，只是对你这一段时间的学习进行检查，看看哪些知识真正地掌握了，哪些知识还没有吃透，然后将没有吃透的部分进行复习，争取掌握就行了。考满分固然欢喜，考两个零分回来，我们也不会批评你的，不要有太多的想法和压力，快乐学习最重要。即使是零分，我们只需要知道是为什么，然后去总结，继续进步，就行了，你是最棒的。"

经过我的开导，女儿笑了，擦了擦脸上的眼泪，说："我知道了，我会努力的。"

这位家长的做法是正确的，当孩子质疑为什么要考试时，她知道孩子一定是没考好，此时，她并没有责备孩子，而是告诉孩子考试只是为了检验学习效果而已，并不能代表什么，这样，孩子才能放下心理压力，才会更加努力学习。

的确，很多父母都遇到过这样的困扰：孩子难免会犯错，不批评是不可能的，可总是批评会不会过火呢？或者说，怎样批评，才能既起到教育的作用，又不伤害孩子呢？

心理专家告诉我们，我们要在批评孩子之前，了解孩子的承受能力，并选择适合的批评方式，帮助孩子找到平衡点。因此，父母需要掌握以下几个在批评孩子时说话的原则：

1.注意时间和场合

批评孩子要避开以下三个时间：清晨、吃饭时、睡觉前。

因为在清晨批评孩子，可能会破坏孩子一天的好心情；吃饭时批评孩子，会影响孩子的食欲，长此以往会对孩子的身体健康不利；睡觉前批评孩子，会影响孩子的睡眠，不利于孩子的身体发育。

2.批评孩子之前要让自己冷静下来

孩子犯了错，家长担心孩子会学坏很正常，难免也会产生一些情绪，但千万不能因为一时的情绪而说出不该说的话，做了不该做的事而伤害到孩子。

3.先进行自我批评

父母和孩子每天打交道，是孩子的第一任老师，孩子犯了错，父母或多或少都会有一定的责任。在批评孩子之前，如果父母能先进行一下自我批评，如："这件事也不全怪你，妈妈也有责任""只怪爸爸平时工作太忙，对你不够关心"等，会让家长和孩子的心理距离一下子拉得很近，会让孩子更乐意接受父母的批评，还可以培养孩子勇于承担责任、勇于自我批评的良好品质，一举多得，父母又何乐而不为呢？

4.一事归一事

有些父母很喜欢"联想"，一旦孩子犯了什么错，就联系上孩子犯过的所有错误，甚至给孩子贴上"坏孩子"的标签，这样只会给孩子造成心理阴影。实际上，在批评孩子的时候，我们要明白，批评的目的是让他知道，做什么样的事会带来什么样的后果。

5.给孩子申诉的机会

导致孩子犯错的原因是多种多样的，有孩子主观方面的原因，但也有可能是不以孩子的意志为转移的客观原因。从主观方面来说，有可能是有意为之，也有可能是无心所致；有可能是态度问题，也可能是能力不足等。

所以，当孩子犯错后，不要剥夺孩子说话的权利，要给孩子一个申诉的机会，让孩子把自己想说的话和盘托出，这样家长会对孩子所犯的错误有一个更全面、更清楚的认识，对孩子的批评会更有针对性，也让孩子能心悦诚服地接受自己的批评。

6.批评孩子之后要给孩子一定的心理安慰

孩子犯错后，情绪往往会比较低落，心情也会受到影响。父母在批评孩子后，应及时给孩子一些心理上的安慰。从语言上来安慰孩子，比如说些"没关系，知道错了改正就行""我知道你是个聪明的孩子，自己会知道怎么做""爸爸妈妈也有犯错的时候"之类的话。

在家庭教育中，父母对孩子的说教应注意"度"。如果"过度"，会产生"越限效应"；如果"不及"，又达不到教育的目的。我们要掌握好分寸，做到"恰到好处"，才能使你对孩子的教育起到"四两拨千斤"的作用。

维护孩子的自尊心，孩子才能自信成长

前面，我们已经提到了，维护孩子的自尊心对孩子成长的重要性。的确，我们说的教育孩子，其中重要的一点就是要让孩子做个自信的人，这就要求父母要给孩子优越的生活环境，让他接受好的教育，开阔他的视野，增强他的阅世能力，增长他的见识，要让孩子以健康的人格和心态去迎接未来的社会。要让孩子做到自信，就必须要让他有自尊心，而这种自尊心的培养，需要父母贯彻到日常的教育中。

张太太的女儿丹丹今年10岁了，性格安静，不怎么说话，很乖巧，就是脸上有很多雀斑，可能跟遗传有关系，张太太脸上斑也不少，但张太太是个很乐观的人，平时也总拿自己的缺点开玩笑。

然而，最近女儿的一个表现让她很担忧。

有一天，下班后，她来学校接女儿，就在学校墙角那里，她看到一群高年级男生在欺负女儿。

"小胖妹，一脸麻子斑，将来嫁不出去哦！"

"这么丑，就别出门了啊，真难看！"

"我见过她妈，哈哈，也是麻子啊！"

第10章 平等沟通，保护孩子的自尊心

听到这些后，丹丹真的生气了，她捡起地上的木棍，朝这些男生打过去。看到这一幕，张太太赶紧走过去，准备拉女儿走开，但没想到女儿却对自己说："都是你的错，把我生得这么丑，我才被同学们笑话！你滚开！"女儿发脾气的样子，真的让张太太震惊。

"难道是我错了，我以为女儿和我一样自信，这个对着我咆哮的女孩子真的是我的女儿吗？"

这里，张太太的女儿为什么对着她咆哮？这是因为她感觉自己的自尊心受到了打击，平时温顺的小女孩在自尊心被打击时也会发脾气，甚至一反常态，以至于张太太感叹："这个对着我咆哮的女孩子真的是我的女儿吗？"

生活中，一些父母误解了教育孩子的真实意义，他们认为只要给孩子最好的物质生活，他就会幸福。当孩子情绪不对或者陷入困境时，他们不是采取鼓励的措施，而是打压或者生硬地斥责。还有一些父母喜欢命令孩子，让孩子依照自己的想法去做事情，长此以往，孩子很可能会出现叛逆或者自卑等心理。其实，这都是对孩子的不尊重，伤害了一个孩子的尊严。要想让孩子成为一个真正自信的人，家长就不要忘记给足他尊严，只有这样他才会自信。具体说来，家长不妨从以下几方面入手：

1.多方位、多角度看待我们的孩子

父母对孩子的看法，通常都很绝对，非白即黑。他们要么是"表现不错的""成功的"，要么就是"有问题的"和"不可救药的"。要想孩子充满自信，父母就要改变这种"绝对化"的思维，全方位、多角度地看待孩子，寻找孩子身上的闪光点。

2.尊重孩子的喜好和兴趣

每个孩子都是不同的，因此好恶也是不同的。家长要了解孩子的好恶——孩子喜欢吃的东西和不喜欢吃的东西；孩子喜欢的运动和不喜欢的运动；等等。迎合孩子的喜好，才能让孩子接受家长的培养方式，孩子也才能更自信。

3.尊重孩子的观点

人们总认为，年幼的孩子比较"顺从听话"，他们喜欢讨人欢心，服从他人。父母不应该利用儿童的这一特点，相反，应该着力强化他的个性和自我意识。当孩子进入儿童期后，在他们探求自己是谁之前，他们会从否定的角度——自己不是谁，以此来定位自己。这时，他们大多会拒绝接受父母的价值观。他们应该畅通无阻地穿过那条道路，而不应遭到成人的碾压。

4.尽量少批评、多赞扬你的孩子

（1）在批评孩子的某一具体行为前，先想想他的优点，以便帮助你对他持有积极乐观的态度，并让批评明确具体。

（2）不要使用"好"或"坏"来评价他的行为，因为他会将此视为你对他的印象。你可以谈论你喜欢或者不喜欢他的哪些行为。

（3）在你表达不认可之时，要以"刚才，我发现你……"的方式来开头。

5.引导孩子积极与人交往

你可以告诉孩子，不要总因为别人看不起你而离群索居，你自己瞧得起自己，别人就不会轻易小看你，能不能从良好的人际关系中得到激励，关键还在自己。要让孩子有意识地在与周围人的交往中学习别人的长处，发挥自己的优点，多从群体活动中培养自己的能力，这样可以建立自信。

以上这些方面都是家长应该学习的，孩子的自尊是需要我们家长悉心呵护的，用正确的方式与他沟通并引导他的行为，才不会伤害他的自尊，这也是让孩子保持自信的最佳方式！

孩子的自尊心首先需要我们父母来保护

我们都知道，自尊心是尊重自己的人格，尊重自己的荣誉，维护自己尊严的一种情感体验。只有自尊才能自信，才能自强。而作为父母，我们一定要维护孩子的这种自尊心，只有这样，孩子才能以健康的人格和心态去迎接未来的社会。相反，在家庭教育中，我们发现，那些行为叛逆甚至对抗父母的孩子，或多或少都认为父母没有尊重自己。实际上，父母是孩子最亲密的人，孩子的自尊心首先需要我们父母来保护。

周宸已经两天没去上学了，这让周先生和妻子如热锅上的蚂蚁。周宸一直是个很乖巧听话的孩子，他还是班长，这次怎么突然说不想上学了呢？

给学校打了几次电话之后，周先生才了解到，原来前几天儿子代表学校参加了全市小学生朗读大赛，因为紧张，他表现不太好，没拿到奖项，被学校的一些同学嘲笑了几句。原本儿子打算把这次的奖状当作自己12岁的生日礼物，没想到却是这样的结果。周太太明白，周宸一直都很好强，但这次的失利无疑对他来说是个很大的打击，更别说被同学在背地里说来说去了，怪不得儿子会不想上学。后来，通过父母的开导，周宸终于重新走进了校园。

案例中的周宸之所以不想上学，是因为失败后被同学嘲笑，他感觉自尊心受到了打击。

其实，每个孩子都是有自尊心的，当他们感到自尊心受到打击的时候，他们便可能有叛逆行为，如发脾气、逃学等。作为父母，我们要体察孩子的情绪，做孩子最坚实的后盾。

可是生活中，很多父母面对孩子情绪低落或者陷入困境时，首先采取的做法并不是鼓励孩子，而是表现出很生气，进而对孩子进行斥责。也有一些父母，总是希望自己的孩子能按照自己的意愿行事，结果导致孩子叛逆、自卑等。其实，这都是对孩子的不尊重，伤害了一个孩子的尊严。对于成长期的孩子，我们只有给足他们尊严，他们才可能会变得自信。

为此，教育心理学家建议，保护孩子的自尊心，需要父母做到以下几点：

1.尊重孩子的个性

每个孩子都是与众不同的，就像我们不可能找到两朵相同的花儿。每个孩子都有不同的感受事物的方式、玩耍的方式、思维的方式、学习的方式、享受的方式。正是这些"个别的特性"才使孩子与众不同。

因此，家长要尊重孩子的个性，就应该对其内在品性的各个方面进行更为明确的理解，真正地了解你的孩子才能根据其个性打造其独特的人生，让他更自信地生活。

2.维护孩子的面子

俗话说，"树要皮，人要脸"。孩子也和成年人一样，他们也有"面子"，也需要得到众人的尊重。当他做得不好时，你马上指出来的话，有没有考虑场合，考虑他的自尊心呢？

如果你当着别人的面说："看人家多自觉，你能不能长进点？"长此以往，你会发现，孩子以后的问题会越来越多，而且越来越不听话。因为你不给孩子留面子。如果你当着老师、亲戚的面数落他，那情况就更糟，他有可能变成可怜的懦夫或者偏激者。因此，父母切记：不要在他人面前批评数落孩子。否则，你的"抱怨"会毁了孩子的自尊，也会毁了自己在孩子心中的形象。

3.不要总是负面地评价孩子

一般来说，如果孩子学习成绩不好或者在竞争中不断受挫时，一般会出现负面情绪。此时，我们要对孩子的负面情绪进行一定的疏导。孩子失败的时候，不出现"是因为你笨"之类的评价，避免孩子将失败归结于自己能力差等内部因素。我们要引导孩子在竞争中学会客观分析自己的能力、任务的难度、客观环境等。

4.尊重孩子的观点，多和孩子交流，听听孩子的心声

"我爸爸非常专横。他不和别人讨论任何问题。他只是表明他的观点并宣称其他人都是愚蠢无知的。他总是试图告诉我该思考什么，如何做每一件事。小时候不懂事，我以为爸爸是对的，可是长大后，他还是这样，到最后我对他的任何话都充耳不闻。"

这是一个12岁女孩的心声，或许这也是很多这个年纪的孩子的心声。做父母的很容易因为自己的身份和阅历而变得过于自信，在毫无察觉的情况下做出一些宣告、决定和断言，压制了孩子日益成长的寻求自身对事物独立看法的要求。这实际上是要让孩子按照父母的观点和价值观来生活。这种"统治方式"导致孩子叛逆或者自卑，没主见，不自信。

父母要明白，你越是将自己的观点和价值观强加于他，并自以为他会与

你分享，他拒绝接受它们的可能性就越大，即便一个较小的孩子也是如此。

5. 帮孩子找到竞争的优势

我们要鼓励孩子，告诉他不必过分在意别人的评价，要相信自己。每个人都不可能是全才，都有长处也有短处。能帮助孩子找到自己的优点，帮助孩子培养充足的自信心，这是父母先要做的。父母要引导孩子挖掘自己的优点，不断强化，使孩子走出自卑的困扰而变得自信起来，帮助孩子发现自身优点和长处是克服孩子害怕竞争的良方。

以上这些都是父母应该学习的。我们要用正确的方式保护孩子的自尊心，让孩子变得更自信、更自强。

越是"输不起"的孩子,越容易情绪失控

我们任何一位家长都明白一个道理,现在的孩子虽然是孩子,但终有一天他会成长,会进入社会,参与激烈的竞争,孩子拼的不仅是实力,还有心态,那些输得起、放得下的人才能笑到最后,而这是需要我们父母从小培养的。孩子阳光、健康的心态要靠父母的引导才能获得。

现实生活中,我们发现,一些家庭对孩子过度疼爱,甚至是已经达到溺爱的程度,他们不想看到孩子受到一点点挫折和委屈。也有一些家长认为孩子是自己的面子,在教育中,孩子成绩好、比赛赢了就能获得鼓励,而成绩不理想、输了就遭到指责,这种教育方式很不可取。这样做很容易让孩子走向两个极端,要么失败了就爬不起来,要么就非赢不可。这样的孩子哪里输得起,又怎能以正确的心态面对挫折和失败呢?更别说他会有很好的情绪控制能力了。这就是为什么我们会发现,一些孩子面对失败时会选择用叛逆性行为来对抗父母了。

牛牛一直是个乖巧的孩子,但这天,妈妈却接到电话,说牛牛在学校跟人打架了,叫她赶紧来一趟。

赶到学校后,妈妈发现另外一名叫向东的男生和他的父母也在老师办公

第 10 章
平等沟通，保护孩子的自尊心

室，原来，儿子班上要重新选举班长，由孩子们民主投票决定。结果向东以多一票的成绩胜出，而去年的班长是牛牛，他一时接受不了这个现实，当场情绪激动，然后就推了向东一把，结果向东一不小心撞到了桌角，额头就磕破了。

牛牛妈妈处理完事情后带儿子回家，牛牛爸爸问清楚了事情的始末，很生气，正准备"教训"儿子，看着孩子那害怕的眼神，妈妈连忙拉住了牛牛爸爸。冷静下来后，他们问儿子当时为什么要这样做，牛牛被这么一问，豆大的泪珠掉了下来，哭着说："我的票数为什么会比他的少？我为什么不能当班长？"

这里，牛牛为什么发脾气，因为他觉得输不起。可能不少父母也发现，孩子好胜心很强，一旦在竞争中失败，就会怒从心起，做出过激行为，而这就是典型的"输不起"的心态。

我们发现，这些有"输不起"心态的孩子，往往会有这样的表现：在与人交往时，喜欢做核心人物；当不能成为社交中心时，就会发脾气；同时，他们不会感谢别人，易受外界影响；等等。其实，当孩子遇到挫折而沮丧、焦虑、自卑时，家长的职责不在于怎样保护孩子今后不受挫折，而在于如何提高孩子抗挫折的能力。家长应有意识地在日常生活中培养孩子做事的目的性和持久性，并帮助他们通过克服困难来锻炼意志。

其实，从心理学的角度来讲，孩子"输不起"是一种正常现象。无论做什么事情，孩子总是希望自己比别人强，以获得周围人的认可。可是因为孩子年龄小，各方面尚未成熟，他们并不清楚了解自己的强项和弱项，在人前或是在集体活动中，一旦不如人，他们就会发脾气。

一般来说，孩子"输不起"通常会有两种表现，一种是面对挫折和失败，采取回避的办法逃避困难。例如，妈妈批评小强学钢琴不认真，不如隔壁的玲玲弹得好，听到这话，小强索性不弹了。另一种是孩子一旦在游戏中输了，就大发脾气或哭闹不止。在幼儿园，老师们常会遇到因为抢不到发言机会而委屈哭泣的孩子。

作为孩子的第一任老师，父母在孩子个性形成过程中起着非常重要的作用。引导"输不起"的孩子，父母首先要平衡自己的心态，正确看待孩子的失败。当孩子在学习和游戏中受挫时，应该教育他们克服沮丧和悲观的情绪，帮助他们分析失败的原因，如何建立积极的心态对待生活中的挫折。

面对这样"输不起"的孩子，父母该如何开导，才能让他们坦然面对输赢呢？

1.当孩子还在幼儿阶段时

对于这个阶段的孩子，父母可以通过让他们体验成功来逐步建立自信。然而，在孩子成长的过程中，会不可避免地遭遇挫折，此时，我们要对孩子进行引导，让他们明白失败与挫折都是人生中的一种情感体验，让他们积极面对。

2.让孩子学会独立面对失败

父母不要过分为孩子排除一些在正常环境中可能遭遇到的困难，当孩子遇挫时，家长不要立刻插手，要将独自面对失败的机会留给孩子。

3.鼓励孩子参加集体游戏，提升耐挫力

孩子会经历一些挫折和失败，这些失败的痛苦经历能让他们更好地认识自己，发现自己的缺点和别人的长处，发展他们的内省能力。这样，他们一方面可以学会欣赏别人，和同伴友好相处，共同合作；另一方面，在与同伴的交流中，他们也可以学会如何克服困难、解决问题。

4.成人与孩子的游戏中，不要故意输给孩子

适当玩一些输了也有奖励的游戏，奖励的前提是要孩子总结出输的原因。通过这种办法，可以平衡孩子"输不起"的心态。

总之，我们在孩子成长过程中，当发现孩子总是希望自己比别人强，一旦不如人，就表现出不高兴甚至会发脾气的时候，这就说明孩子有"输不起"的心态，对此，作为家长的我们要进行有效干预，一段时间过后，这些引导就会起作用。从另外一个方面考虑，一旦家长的干预起到了作用，就能令孩子在屡次的竞争中，无论是输还是赢，都能够保持平和的心态。在这种轻松的心理环境中，孩子的表现也自然更优秀。这样的孩子才能真正体会到"竞争"的含义！

尊重孩子的隐私权，是预防孩子叛逆的重要一环

生活中，我们每个人，也包括成长中的孩子，都希望自己的隐私被尊重，这是每个孩子的心理需求。他们希望有自己的空间，孩子也有自己的隐私权。如果他们感到自己的隐私权被侵犯了，就会感到无处藏匿，感到被羞辱，气恼，甚至产生令父母惊讶的激烈。为此，教育心理学家认为，尊重孩子的隐私，让孩子感受到被尊重，是预防孩子叛逆的重要一环。

我们先来看下面的案例：

阳阳是某校一名四年级女生。有一天，她正走在上学的路上，突然间，她想起了昨天晚上的作业忘记带了，于是急忙又掉头往家跑。当她掏出钥匙打开家门时，看到妈妈正从自己的房间里出来，脸上带着不自然的表情。阳阳走进自己房间去拿作业本，推开房门后，她愣住了。她看到自己书桌的抽屉全部敞开着，自己的日记本、同学们送的生日礼物及贺卡等全都胡乱地堆在桌子上。

阳阳非常生气地质问妈妈："你为什么翻我的抽屉，随便动我的东西？"

没想到妈妈却比她还生气："怎么了？当妈妈的看看女儿的东西还有错吗？"

"可是你应该经过我的允许才能看啊！"阳阳很愤怒地回答妈妈。

"小孩子有什么允许不允许的,别忘了我是你妈妈,好了,快去上学吧!"妈妈毫不在乎地对阳阳说。

生活中,这样的场景并不少见,很多父母认为,孩子都是自己的,看个日记怎么了?还有些父母认为,这样做是关心孩子,一切都是为了孩子的成长,防止孩子误入歧途,以免孩子一步走错步步皆错。父母看似关心孩子,但是,父母的这些行为,其实是对孩子的不信任、不尊重,伤害孩子的自尊心,让孩子感到不舒服。因此,孩子对父母偷看他们的日记、私拆他们的信件很反感,甚至有些孩子总爱在家中自己使用的抽屉上锁上一把锁,父母和孩子之间也因此产生了一道鸿沟。

的确,日记引起的冲突通常是一个令人头疼的话题。孩子们因父母要查看日记而愤懑苦恼,令家长们坐立不安的则是:孩子竟然把日记锁了起来!而实际上,有时候,孩子不想让父母看日记,并不是因为孩子有什么见不得人的秘密,只是他们认为自己的隐私应该受到尊重。

在我们的生活中,很多父母可能认为,孩子的生命都是自己给的,哪里还有什么隐私。因此,提到孩子的隐私问题,很多父母都会不以为然,认为看孩子的聊天记录、手机短信、日记等,都是天经地义的事,这正是一种不懂尊重孩子隐私的表现。

事实上,孩子在慢慢长大,他们渴望父母能给自己更多的空间,而有些家长总是想控制孩子、管制孩子。对于孩子来说,适当的约束和管教是必要的,但随着他们年龄的增长,更多的事要靠孩子的自觉和自律来完成,而且要求我们父母给孩子自主的空间,要尊重孩子自主的空间。父母干涉过多,是很多孩子不快乐的原因。尤其是孩子的隐私,"最讨厌的事情就是父母偷看我的短信""上网聊天也要偷着瞧，一点自由都没有，真烦"，这恐怕是很多孩子的心声。但父母却左右为难，"我们不看的话，怎么知道孩子是怎么想的"。如何在父母的知情权与孩子的隐私权之间取得平衡呢？

1.不看也罢

可能父母在查看孩子的日记前，都会给自己一万个理由，但最大的理由莫过于你不适应孩子已经长大的事实，不适应与孩子在某种程度上的精神分离。静下心来想，我们可能会发现，促使我们这样做的主要原因是情绪上的某种需要。

当我们看到孩子带锁的日记时，你可能会本能地认为：孩子不再对我们敞开心扉，孩子开始躲避我们关注的目光。每一个敏感的母亲都不会对此无动于衷。无可奈何之中我们会感到有点委屈："我养你这么大，怎么连看看日记也不可以啊！"

这就需要我们做好心理建设，去接受孩子已经长大了的事实。我们要学会把孩子当成一个独立的人，要学会尊重孩子的隐私，对于孩子的日记，我们不看也罢。

2.要注意引导方法

父母侵犯孩子的隐私，但他们的出发点并不坏，他们也是担心孩子会出事，有时也确实是为了更多地了解孩子。但是，这种方法是不可取的，对于孩子某些问题，重在引导，要根据孩子的选择给他自由，不能多加干涉。即使父母想了解孩子，并不一定要以窥探孩子隐私、牺牲孩子隐私为代价，而应该把孩子当朋友一样相处，充分尊重孩子人格与隐私，给孩子一个相对独立的空间，通过平等对话、交流情感，让孩子主动敞开心扉，把内心的秘密告诉父母。亲子间多沟通，通过沟通了解孩子心中的秘密。尽量帮助孩子减少不必要的秘密，以减轻他们的心理负担。

3.建立亲子之间的信任

信任感的建立，是从生活中的一点一滴积累起来的，比如我们可以兑现对孩子的承诺，即便不能兑现也得说清理由，取得孩子谅解；承诺为孩子保守秘密，就一定要守信。同时，父母可以根据自己孩子的年龄不断改变监管的力度和方法。平时多和孩子谈谈心，学会信任孩子。父母应当将孩子当作是一个完整和独立的人来看待，学会尊重孩子、理解孩子。

人人都有不愿告诉别人的秘密，这便是隐私。个人隐私应得到尊重，法律也规定保护个人隐私不受侵犯，这便是隐私权。大人的隐私权且不说，孩子的隐私权受侵犯是常见的事。因此，作为父母，要主动改变观念，改变单一管理孩子的方法，不要再把你的孩子当成你的附属品了，你要把孩子当成一个具有完整人格的、独立的人来平等看待，尊重孩子，从尊重孩子的隐私权开始！

第 11 章
全家出动,调动家人的力量解决孩子的叛逆问题

不少父母感叹,现在的孩子真是越来越难管教了,尤其是年纪大点后,无论做什么,说什么,他们都要跟我们对着干。的确,孩子叛逆不听话,是很多家长尤其是妈妈的烦恼。其实,教育孩子,不是妈妈的专属工作,而是全家人的责任,因此,我们要调动家人的力量,给孩子营造温馨和谐的家庭氛围,解决孩子的叛逆问题,以帮助孩子健康、快乐地成长。

引导孩子平衡内心，使他少些叛逆

生活中，我们总是强调人人平等，公平竞争等，但这个世界上是没有绝对的公平的。人的心理常常受到伤害的原因之一，就是要求每件事都公平。在这种想法的引导下，人们一旦受到不公平的待遇，便开始抱怨、发泄内心的不满，而其实，我们苛求绝对的公平，这是一种不明智的做法。成人尚且如此，人生观、世界观尚未形成的孩子就更是如此。

很多时候，孩子的叛逆心，是因为内心苛求公平，一旦达不到自己公平的要求，便会发泄情绪，为此，作为家长，我们要帮助孩子认识到，绝对的不公平是不存在的，只有平衡自己的内心，才能少些对抗，多些平和。

有这样一个故事：

从前，有一个国王，他要出门很长一段时间，离开皇宫前，他给他的三个仆人每人一锭银子，并吩咐他们说："这些钱你们拿去做生意吧，等我回来时，你们再带着赚到的钱来见我。"

一段时间后，国王回来了，第一个仆人来见他，对他说："陛下，你交给我的一锭银子，我已赚了10锭。"国王很高兴，并给他10座城池作为奖励。

第一个仆人走后，第二个仆人来了，他对国王说："陛下，你给我的一锭银子，我已赚了5锭。"于是国王便奖励了他5座城池。

第三个仆人报告说："陛下，你给我的银子，我怕弄丢了，所以一直用手攥着，没有拿出来过。"

国王一听，十分生气，于是，他将第三个仆人的银子也拿来赏给了第一个仆人，并且说："凡是少的，就连他现在所拥有的，也要夺过来。凡是多的，还要给他更多，叫他多多益善。"

强者愈强，弱者愈弱。后来这一现象被人们称为"马太效应"。

事实上，在我们的生活中，马太效应也处处存在。而在孩子的世界里，"马太效应"的作用多数是消极的。

例如，在一个班级里面，那些学习上的尖子生，老师就会认为他们在其他方面也是优秀的，并对他们抱以很高的期望，于是，在这种激励下，他们的表现会越来越好，而那些学习成绩差、调皮的学生，就会受到老师的冷落、同学们的孤立等。

现实生活中，很多孩子在学校都遭受过这样不公平的待遇。于是，他们回家后，会向父母抱怨，认为老师偏心，那些成绩好的同学即使犯了错也会被老师一笔带过，而自己犯了一点无心的过错就会被老师批评。孩子们这样的心态，很容易让他们对老师产生逆反心理，对搞好师生关系很不利。对此，父母和老师要帮助孩子正确认识"不公平"。

具体来说，你可以从以下两个方面入手：

1.要让孩子不要总是提及别人

不要总是将注意力放在别人身上，而是要让孩子学会关注自己，这样，就会减少孩子因为比较而出现不公平的心态了。

2.让孩子多关注生活中快乐的事

这样一来,孩子心情会豁然开朗。生活中诸多快乐的事正一件接一件地迎面而来,即使不是一个好天气,孩子都会感到内心的喜悦。

作为父母,你一定要让孩子明白,这个世界上,总是有这样那样不公平的事,没有百分之百的公平,越是苛求所谓的公平,孩子就越会觉得自己正在遭受不公平的待遇。所以要让孩子摆正心态,不必事事苛求百分百的公平,否则就是自己和自己过不去。要把注意力放到重要的事情上面。要注重自己的生活,而不要把眼光放在他人的表现上,否则,只会徒增烦恼。

父亲在女儿的成长中责任重大

父亲常常忽略对女儿的关注和教育,很多父亲认为,教育女儿是母亲的事,自己可以置身事外,不用过多地参与到女儿的成长过程中。

有这种想法的父亲就大错特错了。我们都知道,女孩很敏感,尤其是青春期的女孩,她们会用一颗敏感的心去衡量她与父亲之间的关系。

女儿从父亲那里得到爱的多少,直接影响着女孩的心灵成长。同时,父亲对女儿的影响也是巨大的,他们在不自觉中影响着女儿的择偶标准,影响着女儿的性格,影响着女儿的气质……因此,父亲在女儿的成长中发挥着重要作用。作为父亲,一定要谨慎对待,只有给足女儿足够的爱,女儿才会减少很多叛逆心。

那么,父亲如何教育女儿呢?具体可以从以下几个方面入手:

1.帮助女儿养成健康向上的性格

"女儿是母亲的贴身小棉袄""女儿大了自然就会和父亲疏远",这是我们常常能听到的描述女儿与父母之间关系的话。生活中,我们更能发现,母亲给予女儿的是无条件的爱,表达的机会也更多,但是父亲则不同,他只有在女儿取得成绩的时候才把爱作为一种奖励给她。

然而,女孩的心思比男孩更加细腻,尤其是一些叛逆的女孩,父亲的这种不善于表达会被女儿看作是父亲不爱自己的表现,在这种心理的影响下,女孩会变得自卑、悲观，甚至对生活中的一切都不感兴趣。相反，如果女孩有一位关注她并善于表达自己情感的父亲，那女孩在父亲的关注和鼓励下，就会变得自信、乐观，做任何事情都充满积极向上的动力。

2.教会女儿如何与人相处，更确切地说，是如何与异性相处

曾经在一个家庭里，女儿在很小的时候就和爸爸讨论音乐，她的妈妈感叹：女儿长大后，带回家的也应该是和她爸爸一样对音乐感兴趣的小伙子吧。果不其然，这个孩子长大后的交友圈子果然都是对艺术有浓厚兴趣的人，更奇妙的是，当孩子20岁的时候，带回家的男朋友果然是一个小提琴演奏家。

调查表明，女孩的异性交往的能力与父亲有关，如果说母女的亲密关系带给女孩满足的体验和情感的支持，那么父亲与女儿的关系，则使女孩初步懂得了怎样与异性相处，以及如何维持与异性间的关系。

3.教给女儿正确的择偶标准

对于一些已经进入青春期女孩来说，她们开始关注异性，但涉世未深的女孩需要父亲的教导，才能对男性有个全面的认识和了解。父亲是女儿遇到的第一位男性，因为处于这个重要的位置，所以父亲能为女儿树立起一种男性的标准，而这个标准比从其他任何人那儿得来的都具有权威性。女孩常常希望别的男孩像父亲对待自己那样来对待她。在父亲和女儿相处的过程中，父亲要使女儿懂得男人的深沉与广博、荣誉与正义、价值与意义。

当父亲真诚地面对女儿，真实地表现出自己的男子汉气质时，女儿将学会尊重男性，平等地对待男性。与此同时，她们也将会更青睐那些尊重她、平等地对待她的男性，而且会避开那些有恐吓、暴力和虐待倾向的男性。正如那

句老话所说的:"女儿长大,嫁夫如父。"

一位成年的女子在自己的日记里这样写道:我的父亲是我衡量男性的标准,父亲是最可爱、最合人意、最值得尊敬、最有责任感、最有教养的……他是我所认识的人中最伟大的男人。我希望我未来的伴侣能像父亲那样伟大。

这位成年女子的父亲是成功的,父亲给了她一个有责任感的、坚强的男子汉的榜样,使她不至于在男性的世界里迷失。

对于女孩来说,父亲的影响是巨大的,但这种影响究竟是正面的还是负面的,很多时候形成于女孩的青春期,并且,这种影响往往取决于父亲本身。在女孩的人生之路上,父亲能够指引她对男性怀有正确的认识,也有可能错误地引导她,令她在与男性相处时困惑迷惘,不知所措。

在女儿心目中,父亲是权威的象征。但女孩是渴望得到关注的,别人的关注能让她找到自我认同的感觉,尤其是来自有权威的父亲的关注,这更能让敏感的女孩快乐、幸福地成长!

父母不要当着孩子的面吵架

在家庭中,夫妻之间,产生矛盾和争端是难免的,因此也就容易吵架,但教育心理学家建议,对于有孩子的家庭来说,父母千万不要当着孩子的面吵架,在温馨和谐的家庭环境下长大的孩子,情绪更平稳,更不易于产生叛逆情绪。

在某幼儿园小班,有个叫小彬的男孩,脾气很坏,他经常因为一件小事就跟小伙伴大打出手,这让老师很头疼,老师经过家访了解到,原来小彬的父母总是吵架。

小彬的爸爸妈妈都是上班族,他们因为工作都很忙,心情都不是很好,常常发生口角,从最初的沟通,慢慢到争吵,最后变成严重的冷战和对立。

小彬刚开始感到很困惑、恐慌,静静地呆坐在沙发上,慢慢地变得不以为意,到最后逐渐接受了父母争吵和粗暴的行为,自己也变得喜欢发脾气。

从以上案例中,我们可以看到,父母当着孩子的面吵架,对孩子造成的伤害是多方面的,要么会让孩子感到恐慌,要么会让孩子在耳濡目染中逐步形成火暴的性格,容易发脾气。

因此，教育心理学家建议，父母如果希望孩子形成良好的性格和修养，就要避免当着孩子的面吵架。

的确，相对于成人来说，孩子的心理承受能力很差，孩子如果经常处在这种环境中，对他的智力和身体发育都会有不良影响。父母在孩子面前吵架，还会破坏父母的形象。吵架时双方互相指责对方的弱点和缺陷，当孩子不愿意听从某一方时，便会利用这一点来反抗。父母双方如果经常吵架，就会常常疏忽、冷落孩子。父母处于极度的情绪紧张状态中，也造成孩子情绪紧张，妨碍了孩子正常的情感发展，还会导致孩子模仿父母的不正常行为，使得孩子在以后的家庭生活中受挫或社会适应能力不良。

有的父母还利用孩子来反对另一方，在孩子面前诉说另一方的缺点和不足，这种做法也是错误的。这等于把孩子也卷入了父母的战争之中，对于年幼的孩子来说，他们根本不能理解这是怎么回事，只能在他们的心灵上留下深深的创伤。

然而，一些父母会说，夫妻之间难道不吵架吗？其实并不是，吵架很正常，但最好避开孩子，如等孩子入睡后，或孩子不在的时候沟通、解决；另外，夫妻吵架后母亲的眼泪，也绝不要让孩子看到，父母其中一人的离去，以及父母间的恶言责骂，都会给孩子留下阴影。其实，作为父母，有时候也是情绪化的，夫妻之间吵架，很多时候并不是什么原则上的事情，只不过是鸡毛蒜皮的小事，但就是谁都不肯退让，进而导致家庭战争的全面爆发。

其实，父母吵架会不会给家庭和孩子带来负面影响，取决于夫妻吵架后解决矛盾的方式。现代婚姻专家发现，夫妻吵架的直接原因往往是生活中的小事，既然如此，就一定要想办法避免吵架。吵架以后怎么解决矛盾，才会真正对夫妻和孩子没有影响呢？最好的办法是：夫妻吵架和好后，让孩子看不到争吵对父母的关系并没有什么实质上的影响。

幸运的是，解决问题的原则比吵架的原则更容易遵循和掌握，因为人平静下来的时候，就更容易注意到自己在说什么，在做什么。

的确，父母吵架是在所难免的，但是要尽量减少吵架的次数，特别是不能在孩子面前吵架。在孩子身心发展的重要时期，父母吵架会给孩子幼小的心灵带来伤害，也会影响孩子的学习。所以，请每个父母，少一些无谓的争吵，给孩子多一点关爱，多一点温暖。

教育心理学家认为，让孩子生活得有安全感是父母的责任，家长相互攻击、谩骂对孩子心理造成的负面影响将难以弥补。如果夫妻间确实有矛盾需要解决，父母必须要考虑孩子的心理感受，尽量控制情绪，不要随意发泄。

其实，即使是在和睦的家庭中，夫妻之间也难免会争吵，以致双方互相指责。尽管这常被看作小事一桩或正常现象，但却忽视不得，因为它会给孩子的心灵留下难以弥补的创伤。如果孩子在场，最明智的方式莫过于心平气和地各抒己见，化干戈为玉帛，以理服人。因此，父母不要在孩子面前吵架，要互相谦让，让孩子在家里得到一种安全感。

夫妻配合，保持一致的教育态度

我们发现，在中国传统的家庭模式多半是严父慈母：父母"一个唱红脸，一个唱白脸"，他们相互配合，在教育孩子的时候，一个主导，一个配合，相得益彰。很多父母认为这样配合教育，能起到良好的教育效果——孩子听话了。事实上，这种观点并不合理。试想，如果父母双方，一个执行自己的严格教育方法，另一个则表现得过于温和，对孩子一味迁就，那么，我们不难想象，会出现这样的情形：孩子见到严厉的家长就会像老鼠见了猫一样，唯唯诺诺；而见到温和的家长，就马上像换了一个人似的，立即变得放肆起来，甚至不把这位家长的话放在心上。久而久之，孩子的性格和行为就会变得不稳定，甚至会出现性格上的缺陷，也不利于孩子树立正确的人生观和价值观。

就像下面案例中这样的情景，在我们的生活中比比皆是：

周末这天，小雷满身泥巴地回来，衣服还被撕破了，妈妈知道他肯定又是去和小伙伴们打架去了，就问："你是不是又打架了？"

"是他们先耍赖的，说好了，谁输了球谁就请客吃冰棍。"小雷解释道。果然，孩子是去打架了，妈妈气不打一处来，就直接骂道："跟你说过多少遍了，不要和别人打架，你怎么总是记不住？"说完，她狠狠地关上厨房门，小雷被吓哭了。

这时，正在看报纸的爸爸从卧室走出来，他赶紧说："来，雷雷，到爸爸这儿来。"

小雷赶紧躲进卧室，爸爸对他说："别听你妈妈的，她不懂。别哭了，爸爸就觉得你没有错，不过男子汉要勇敢点，不要动不动就哭，来，笑一下。"听到爸爸这么说，小雷破涕为笑。

其实，这样的教育场景在生活中经常出现，在孩子眼里，父母好像很喜欢红黑配合，但到最后，教育孩子的效果似乎并不明显，孩子的错误并没有改正，因为他们不知道到底谁说的是对的。

手表定律是指一个人有一只表时，可以知道现在是几点钟，而当他同时拥有两只表时却无法确定。这一定律启示我们，作为父母，在教育孩子的时候，必须要保持一致的态度，具体来说，我们需要注意以下几点教育方法：

1.教育孩子前先商量，保持意见一致

的确，在教育方法上，父母的意见也不一定一致，对此，父母一定要学会求同存异，在教育孩子前先沟通。如果做不到这一点，孩子就会左右为难，心中充满了矛盾，其心理上也会产生压力，不知道自己到底怎样做才对。

例如，生活中，有些父母就喜欢唱反调，就像故事中的小雷的父母一样，妈妈教育孩子，爸爸却出来阻拦，并说，"别听你妈妈的，她不懂"，以至于孩子不知道到底听谁的好。同时，这样做，还会导致夫妻因教育方法不同而吵架，甚至导致家庭矛盾加剧。因此，夫妻双方应尽可能在大问题上保持意见一致，并注意减少矛盾，给孩子一个统一的价值观。

2.征求孩子的意见

一切教育方法都应该在孩子能接受的基础上进行，因此，聪明的父母在教育孩子时，多半会征求孩子的意见，如孩子犯了错，你可以让他自己选择惩罚的方式，这样也就避免了父母唱反调的情况。

3.不要当着孩子的面吵架

在实施教育的过程中，一些父母在出现矛盾时便提高音量，然后企图以吵架的方式解决问题。这样做，只会降低自己在孩子心中的威信。

的确，同一个人不能同时选择两种不同的价值观，否则他的行为将陷于混乱。一个人的思想不能由两个人来指挥，否则这个人将无所适从。从手表定律我们可以知道，对孩子的教育，不能同时采用两种不同的方法，设置两个不同的目标，提出两个不同的要求，因为这会使孩子无所适从，甚至行为陷于混乱。

绝不盲目将孩子与别人作比较

生活中的很多父母，可能都有这样一个习惯，喜欢拿自己的孩子与别人家的孩子比较，总觉得自己的孩子没有人家的优秀，不知不觉地会用其他孩子的优点来对比自己孩子的缺点，嫌自己的孩子不够优秀，于是，他们常常会这样对自己的孩子说"你看你，怎么这么笨，这点小事都做不好，你看你的同学××多懂事""怎么又考这么差，你看某某，回回都是第一名"等话语，可能这些是父母们无心的话，但说得多了，难免会留在孩子的心里，对他们造成伤害，久而久之，他们就会像父母认为的那样，也认为自己笨、毫无优点、没有自信心等，也有些孩子，可能会用叛逆来对抗父母。例如，一位妈妈说自己女儿吃饭习惯不好，作息习惯不好，学习习惯不好等，经常这样说，她的女儿生气了，直接回了一句："那你也没有别人家妈妈好。"的确，其实我们大人和孩子一样，哪有什么完美的人，我们要善于挖掘孩子身上的优点。

这天，在某小区门口，11岁的强强和王飞吵了起来，路人叫来了他们的父母。问到原因，强强说："我妈总说王飞好，每次考试完，她都说，你怎么不学学人家王飞，人家能拿第一，你怎么就不行？要是我做错了什么，她就说，你怎么这么没出息，你看人家王飞多听话……如果王飞那么好，为什么她不去让王飞做自己的儿子？"

旁边的强强妈很吃惊，原来自己平时无意中说的几句话对孩子的伤害这么大。于是，她对强强说："乖儿子，妈妈错了，妈妈之所以那么说，是希望你能向王飞学习，做个听话、爱学习的孩子，妈妈没想到这些话对你的伤害那么大，希望你能原谅我好吗？"听到妈妈这么说，强强流着泪抱住了妈妈。

其实，任何做父母的都爱自己的孩子，拿自己的孩子和别人家的孩子对比，也是出于善意，希望他们能向优秀的孩子学习，超越别人，为父母争光争气。但是，有时候善心也会做坏事，爱孩子，就不要拿自己的孩子与他人作比较。任何一个孩子，都会反感父母将自己和其他人进行比较。

不过在现实的家庭教育中，我们发现，我们家长很多时候喜欢拿自己孩子与其他孩子比较。为此，我们要认识到，爱孩子也要注意教育方式，在家庭教育中，我们需要注意：

1.看到孩子的优点，赞扬他

父母对孩子的期望一样会影响到他。如果你认为你的孩子是优秀的，那么，他就会按照你的期望去做，甚至会全力以赴让自己变得优秀起来；反过来，如果你总是挑他的缺点、毛病，那么，他们就会产生一种错觉：我不是好孩子，爸爸妈妈不喜欢我，我好不了了。因此，家长积极的期望和心理暗示对孩子很重要。

对于孩子来说，他们最亲近、最信任的人是他们的父母，因此，父母对他们的暗示的影响是巨大的。如果他们长时间能接受到来自父母积极的肯定、鼓励、赞许，那么，他们就会变得自信、积极。相反，如果他们收到的是一些消极的暗示，那么，他们就会变得消极悲观。

2.即使批评也要顾及孩子的面子

心理学家曾经做过一个调查，调查题目为"孩子最怕什么"，结果表明：孩子最怕的并不是学习，也不是生活的艰难，而是怕被打击，怕没面子。

对于儿童来说，虽然他们还很小，但也会在意别人的评价，而他们最在意的是父母的看法。

一些性格敏感的孩子，自尊心更强，更爱面子，父母不要总是拿自己的孩子和别人家的孩子作对比，这样孩子会感到没面子，也不要当着很多人的面说孩子的缺点、数落孩子，因为孩子每一个行为都是有原因的。这是由他的年龄特点决定的。也许这些原因在成人看来是微不足道的，但在孩子的眼里那是很严重的事情，我们不了解原因当众批评他，非但不能解决问题反而会使问题变得更糟，会使孩子产生逆反抵触情绪，导致我们对孩子的教育很难继续下去。

3.根据自己孩子的特点进行教育

任何父母都不要拿自己的孩子和其他孩子对比，而要根据自己孩子的特点进行教育。例如，你的孩子不够优秀，就教育孩子笨鸟先飞，多努力。孩子有了进步就应该鼓励。只要孩子付出了努力，已经尽其所能，父母就不要提出过高的要求。

总之，聪明的家长要明白，任何人都渴望被赏识和赞扬，我们的孩子也是如此。因此，无论何时，我们都不能拿自己的孩子和其他孩子进行对比，而要看到他们的优点，并给予他们鼓励，相信你的孩子会变得更优秀。

参考文献

[1]莱利.孩子喜欢对着干,父母应该这样管[M].孙艳芬,译.贵阳:贵州教育出版社,2012.

[2]麦克瑞斯.少些吼叫多些爱[M].叶红婷,宋晋平,译.上海:上海社会科学院出版社,2017.

[3]伯恩斯坦.叛逆不是孩子的错:不打、不骂、不动气的温暖教养术[M].陶志琼,译.北京:机械工业出版社,2013.

[4]途龙.叛逆不是孩子的错:不打不骂不动气的教育法[M].北京:中国纺织出版社有限公司,2021.